爱国主义
青春
读本

总主编/成 进 副总主编/周 远 李 重

爱国主义

主　编　周　远

副主编　孙　丹　牛宏杰

编　者　（以姓氏笔画为序）

王　琦　叶　倩　代成军　任　欣

刘栋华　刘艳凤　刘　瑜　库来西·依布拉音

张　楠　孟建芳　胡全龙　姜　飒　董研林

西安交通大学出版社
XI'AN JIAOTONG UNIVERSITY PRESS

图书在版编目 (CIP) 数据

爱国主义 / 周远主编 . — 西安：西安交通大学出版社，
2020.9

（爱国主义青春读本）

ISBN 978-7-5693-1665-0

Ⅰ . ①爱… Ⅱ . ①周… Ⅲ . ①高等学校—思想政治教
育—研究—中国 Ⅳ . ① G641

中国版本图书馆 CIP 数据核字（2020）第 062602 号

书　　名	爱国主义
主　　编	周 远
责任编辑	雒海宁　李 蕊

出版发行　西安交通大学出版社

　　　　　（西安市兴庆南路 1 号　邮政编码 710048）

网　　址　http://www.xjtupress.com

电　　话　（029）82668357　82667874（发行中心）

　　　　　（029）82668315（总编办）

传　　真　（029）82668280

印　　刷　陕西龙山海天艺术印务有限公司

开　　本　710 mm×1000 mm　1/16　印张 11.5　字数 115 千字

版次印次　2020 年 9 月第 1 版　2020 年 9 月第 1 次印刷

书　　号　ISBN 978-7-5693-1665-0

定　　价　49.00 元

"一代人有一代人的使命，一代人有一代人的担当。"今天的青年是同新时代共同前进的一代，是见证中华民族腾飞的一代，是亲历世界百年未有之大变局的一代。

习近平总书记指出：广大青年既拥有广阔发展空间，也承载着伟大的时代使命。青年是国家的希望、民族的未来。青年有理想、有担当，国家才有前途、有希望。只有青年绽放青春梦想、锻造出彩人生，实现中华民族伟大复兴的中国梦才有源源不断的青春力量。

一个国家、一个民族，没有精神力量不行。广大青年要高扬爱国主义、集体主义、英雄主义、乐观主义旗帜，不断激发蓬勃发展的内在动力。

爱国主义是一面奋发图强的旗帜。爱国，是人世间最深沉、最持久的情感。爱国是青年人理所当然的价值追求，强大的国家是每一个中华儿女

前进的坚实后盾和巨大力量。我们要增强对中国特色社会主义道路、制度、理论、文化的认同，坚定走中国特色社会主义道路。青年人要树立与时代主题同心同向的理想信念，勇于担当这个时代赋予的重任。立志干大事，而不是求大名、图大利；立志为国家、为人民、为社会多作贡献，而不是只顾个人、只顾小家。有了高远的志向，人生就有了正确的航向，努力就有了积极的意义。

集体主义是一面凝心聚力的旗帜。集体是我们每个人无法逾越的生存地平线。没有个体当然就不存在群体，但是人类如果没有群体的观念，没有相互的合作和共同的认识，个体的人就无法生存下去。时代的建设者和奋斗者是集体，班级和团队也是集体。集体是什么色彩，我们身上就会折射什么光斑。青年从事业起步起，就要学会尊重别人、理解别人、帮助别人，学会待人真诚、为人守信、与人为善。青年人只有把个人的价值融入集体，才能真正成就自我，只有无数年轻人携起手来，才能让青春迸发出更夺目的光彩，在时代进步中谱写更辉煌的乐章。

英雄主义是一面担当使命的旗帜。有了英雄的引导和鼓舞，我们就敢于克服任何困难，在攻克学习难关和科技难题中取得意料不到的成果。青年要敢扛责任，不怕失败，勇于创新创业。今天，我们弘扬革命英雄主义精神，不是要广大青年像战争年代英雄那样炸碉堡、堵枪眼，而是要以爱国情怀强化历史责任，以民族气节滋养浩然正气，以英雄气概砥砺血性胆识，以必胜信念坚定奋斗意志，接力推进先烈们为之拼搏献身的伟大事业，争当新时代的英雄。

乐观主义是一面积极向上的旗帜。乐观是中华民族的精神底色。乐观主义来自对规律的把握，来自正确看待现在和未来，来自正确看待问题和挑战。有了乐观主义情怀，所有的困难都可能变成机遇，所有的等待都可能变成创造，所有的矛盾都可能在微笑中得到化解，所有的努力都会在未来与收获相逢。乐观不是空头口号，其源自对人生价值实现的积极认知，成熟于知其难而不畏其难的勇敢实践。广大青年应以乐观心态感悟人性光辉，激励前行意志，做一个情趣高尚的新时代青年。让青春成为乐观主义的代名词。

"天下者，我们的天下；国家者，我们的国家；社会者，我们的社会。我们不说，谁说？我们不干，谁干？"一百年前，毛泽东在《湘江评论》中的发问，至今仍然振聋发聩。不负

韶华、勇挑重担，高擎爱国主义、集体主义、英雄主义、乐观主义旗帜的中国青年，必将在奋进新时代的征程上唱响更加嘹亮的青春之歌！

本书编委会

2020 年 4 月

目录

I

高举爱国主义旗帜，激荡奋进力量

爱国，是人世间最深沉、最持久的情感。习近平总书记强调，"爱国主义自古以来就流淌在中华民族血脉之中，去不掉，打不破，灭不了"。古有"常思奋不顾身，而殉国家之急"的担当，近有"祖国如有难，汝应作前锋"的气概，今有"祖国需要就是最高需要"的情怀。爱国主义早已成为一代代中国人敬之爱之、惜之藏之的宝贵精神财富。

人民有信仰，民族有希望，国家有力量。进入新时代，中华民族伟大

复兴处于十分重要的关键节点，在这个关键时期需要更好地弘扬爱国主义精神，把全中华儿女的智慧和力量汇集起来，为实现中华民族伟大复兴提供共同精神支柱和强大精神动力。

一、在历史中传承，爱国主义应有文化积淀

在中国传统文化中，家国情怀与其说是一种情感诉求和心灵皈依，不如说是一种生命自觉和文化承续。正如当代哲学家楼宇烈所认为的，家国情怀源于中国人的生命观，"中国传统的生命观是一个完整的体系。从小家到大家，从小家庭到大家族，从大家族到家乡，再从家乡到国家，都是一个整体。"因此，在五千年的历史发展进程中，中华民族形成了以爱国主义为核心的团结统一、爱好和平、勤劳勇敢、自强不息的伟大民族精神，创造了悠久灿烂的中华文明，为人类文明进程做出了卓越贡献。

在我国历史文献中，"爱国"二字很早就出现了，《战国策·西周策》中有"周君岂能无爱国哉"，《汉纪》中则提到"亲民如子，爱国如家"。由此可见，早在奴隶社会末期，爱国的观念在中华大地上就已经发展起来了。至此之后，无论是《礼记》里修身、齐家、治国、平天下的价值追求，还是《岳阳楼记》中"先天下之忧而忧，后天下之乐而乐"的责任担当，抑或是陆游"位卑未敢忘忧国"的使命驱动，顾炎武"天下兴亡，匹夫有责"的豪迈气概，家国情怀成为了华夏儿女最真挚的情感共识和最浓烈的精神底色。对于这种家国情怀，焕然而大明的标志性表述，莫过于关中鸿儒张载的"为天地立心，为生民立命，为往圣继绝学，为万世开太平"四句话。习近平

总书记在很多重要场合，多次提及"横渠四句"。这四句话阐明了中国传统知识分子的使命意识和责任担当，为读书人指明了实现自身人生价值的重要途径。

家国情怀，这条世代传承的文脉已然成了交通大学群体意识的载体，成为交通大学成长发展的胎记。家国情怀，既不是乏味空洞的"高调口号"，也不是脱离实际的"空中楼阁"，而是内化于交大人心底、护航交通大学延绵至今的宝贵精神财富。交通大学从创建南洋公学，拓荒蒙昧以造就"桢干大材"，到唐文治培养"领袖人才""奇才异能"，以"第一等人才观"陶冶学生品行，办出"中国第一大学"的努力，再到叶恭绰、凌鸿勋、蔡元培、黎照寰等多位校长秉持"造就交通专门人才、力图高深学术之发展"的宗旨，办出一流工业大学的实践，无不体现出交大人爱国奋斗、争创一流的气魄、胸襟。

二、在苦难中自强，爱国主义应有民族情怀

纵观近代史，帝国主义的侵略是近代中国一切灾难的总根源，而封建势力与帝国主义相勾结，成为帝国主义在华的统治工具，更加剧了中华民族的灾难，使广大的劳动人民处于水深火热之中。因此，反帝反封建，救亡图存，成为中国近代爱国主义鲜明的时代特征。从"苟利国家生死以，岂因祸福避趋之"到"外争国权，内惩国贼"，再到"最后的吼声"，无不看到整个民族受到强大爱国主义的力量驱动，在反对共同敌人的斗争中，同生死，共命运，结成了命运共同体。

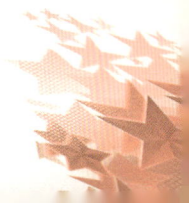

面对危如累卵的国势、支离破碎的山河，"我国同胞之国民，其将何以自处也？"成为一切爱国志士需要深入思考的问题。在反思中国之所以落后挨打的基础上，近代中国一部分有识之士从昏睡中惊醒过来，要求变法图新的爱国思想开始勃兴。从魏源"师夷长技以制夷"的振聋之声，到康梁的"以爱国相砥砺，以救亡为己任"的百日维新，抑或是陈天华"只要我人心不死，这中国万无可亡的理"的振臂一呼，再到孙中山"将振兴中华之责任，置之于自身之肩上"的拳拳之心。这些仁人志士们为救国家于危亡之际的爱国主义精神，在中华民族史上留下了浓墨重彩的一笔。

爱国也是一种本分、一种责任。交通大学 123 年的办学历程，爱国主义精神在不同历史时期积淀、凝聚、锤炼，成为一代一代交大人内心深处最为重要、最为坚实的精神支柱。交通大学前身南洋公学时期，公学师生以国家民族兴亡为己任，发愤要为社会做一番事业。中国最早的大学校歌——南洋公学师范院院歌《警醒歌》，由当时的教务长张焕纶所撰写，要求青年在国家民族沉沦时立大志，鼓舞青年刻苦读书为国家为民族挑大梁，自觉奋发，不作"碧眼奴"，歌词悲愤激昂。这种浓烈的家国情怀哺育了诸如蔡锷、顾维钧、张元济、黄炎培等一大批爱国志士。新民主主义革命时期，交大学生在"反饥饿、反内战、反迫害"等颇具影响的全国性学生运动中，始终冲在战斗的第一线，斗争锋芒直指国民党政府当局发动内战、迫害民众、纵容美国、扶植日本的反动政策，交通大学成为高举爱国主义大旗的"民主堡垒"。1949 年新中国成立前夕，交大学生地下党员穆汉祥、新民主主义青年联合会会员史霄雯不幸被捕，被反动派秘密杀害。遇难时，穆汉祥 25 岁，史霄雯 23 岁。"我愿做地下的泥土，让人们践踏着走向光明的彼方。"他们字字铿锵，将青春和热血洒在了祖国的大地上，续写了交大爱国主义革命传统的光辉篇章。

三、在奋进中持守，爱国主义应有旗帜引领

新中国的成立，使中华民族摆脱了被压迫民族的卑下地位，成为自立于世界民族之林的独立国家。祖国已经旧貌换新颜，因而爱国主义就有了新的内容。以前主要任务是挽救民族危亡，争取民族独立和人民解放。现在则主要是保卫和建设祖国，使国家富强和人民幸福，独立自主，不受外侮。在爱我中华的情感中，固然蕴含着亲情、乡情、国家情，但今天的爱国主义已经不只是那种"就是祖国的炊烟也都感到亲切和香甜"的自发的原始的民族感情，而是已经具有家国情怀与社会主义内涵高度融合的自觉的民族精神。

以爱国主义为核心的民族精神，已经成为社会主义核心价值体系的重要内容。祖国的命运和党的命运、社会主义的命运是密不可分的。中国共产党是爱国主义精神最坚定的弘扬者和实践者，中国特色社会主义道路是通往国家富强、民族振兴、人民幸福的必由之路。只有坚持爱国和爱党、爱社会主义相统一，坚定不移跟党走，爱国主义才是鲜活的、真实的，这是当代中国爱国主义精神最重要的体现。

1956 年，交通大学 6000 多名师生，响应党中央号召，满怀"支援大西北，

到祖国最需要的地方去"的壮志豪情，从黄浦江畔的十里洋场奔赴渭水之滨的千年古城，开启了新中国教育界开创未来的一次伟大行军。钟兆琳、陈大燮、张鸿、沈尚贤、周惠久、陈学俊、赵富鑫等一批教授，以知识分子的责任担当，带头迁到西安，以奉献体现了"爱国没有选择项，奋斗永在进行时"的家国情怀。交大师生始终坚定"听党指挥跟党走"，一以贯之地服从党和国家发展的需要，用青春和热血铸就了"胸怀大局、无私奉献、弘扬传统、艰苦创业"的西迁精神。在如火如荼的社会主义建设发展时期，交大人以"黄沙百战穿金甲，不破楼兰终不还"的慷慨激昂之情，创造了一项又一项的科研奇迹，填补了多项全国乃至世界科学技术空白，产生了数以千亿计的经济社会效应。西安交通大学"西迁人"也和大庆奋战的英雄、红旗渠开山的英雄们等一起成为中华民族敬仰的英雄，并被绘成英雄画廊中又一组生动鲜亮的光辉形象。

四、在继承中发展，爱国主义应有时代精神

中国特色社会主义进入新时代，标志着新时代爱国主义的开启。新时代爱国主义继承和发展了马克思主义理论宝库中的爱国主义思想，是中华民族爱国主义发展的必然结果，是中国共产党爱国主义的最新呈现。新时代爱国主义要把爱国之情、报国之志和奋斗精神、实干精神结合起来。实现中华民族伟大复兴的中国梦需要一代又一代共产党人继续奋斗，更需要每一个国人用真干实干托起中国梦。党的十八大以来，习近平总书记反复强调，"空谈误国、实干兴邦""一分部署、九分落实""幸福都是奋斗出来

的""社会主义是干出来的，新时代也是干出来的""把爱国之情、报国之志融入祖国改革发展的伟大事业之中、融入人民创造历史的伟大奋斗之中"。因此，爱国主义并不仅仅体现为豪言壮语，也不是单纯表现为各种形式的仪式活动，而是体现在身边的日常行为、生活习惯和工作行动中。因此，爱国奋斗是新时代爱国主义鲜明的实践主题。

今天，我们处在中华民族发展的最好时期，既面临着难得的建功立业的人生际遇，也面临着"天将降大任于斯人"的时代使命。"不论树的影子有多长，根永远扎在土里。"爱国，就要把自己的理想同祖国的前途、把自己的人生同民族的命运紧密联系在一起，扎根人民，奉献国家。从一心为公的好干部廖俊波，到为人民歌唱的艺术家贠恩凤；从92岁仍坚持上班，为了国家需要而奋斗的陈俊武，到不久前刚年满30岁就因公殉职的扶贫干部黄文秀等等，他们用爱国奋斗的行动共同点亮了新中国的精神灯塔，激励着一代又一代人奋勇前行。"无论是哪个年代，个人发展一定要与国家发展紧密相连。西迁老前辈扎根的黄土，同样是我们年轻一代延续精神的热土。"在爱国奋斗的西迁精神指引下，在西迁老前辈奋斗故事的感召下，徐峰、雷亚国、林舒进、白玛央金等年轻的师生们将根牢牢扎在西部大地，用青春和热血书写奋斗华章。

作为新时代交大人，深刻认识到爱国奋斗是激扬新时代知识分子家国情怀的必然要求，自觉将自身的前途命运同国家和民族的前途命运紧紧联系在一起，勇于担当、奉献国家。要把政治建设摆在首位，教育引导全体

师生深入学习贯彻习近平新时代中国特色社会主义思想，高扬"四面旗帜"，在坚定理想信念、厚植爱国情怀、加强品德修养、增长知识见识、培养奋斗精神、增强综合素质上下功夫，教育引导广大党员干部做忠诚、干净、担当的好干部，广大教师争当"四有"好老师、广大学生争做"爱国、励志、求真、力行"的优秀青年。要毫不动摇地贯彻落实党中央各项决策部署，认真实施科教兴国战略、人才强国战略、创新驱动发展战略、"一带一路"倡议。要进一步强化"扎根西部、服务国家、世界一流"的办学定位，努力建设中国西部科技创新港，把学校的发展目标和国家的发展需求紧密连接起来，把科学研究融入当下最急需的中国实践问题之中，继续牢牢扎根祖国西部大地，为建设社会主义现代化强国添砖加瓦。

"我和我的祖国，一刻也不能分割……"新时代，我们要高举爱国主义的伟大旗帜，将爱国、爱党、爱社会主义紧密相连，在为初心使命努力奔跑中传承伟大革命精神，不断增强团结一心的精神纽带、自强不息的精神动力，把亿万人民的爱国心、爱国情，激荡成共鸣，汇聚成洪流，就一定能成为磅礴的"中国力量"，推动国家的进步、民族的复兴。

矢志不渝的爱国诗人

——屈原

安能以皓皓之白，而蒙世俗之尘埃乎？

屈原所处时代是我国社会从奴隶社会到封建社会过渡的时期，是历史上一个非常重要的时期。春秋时社会大变革、历史大发展。宗法制和井田制的瓦解，预示着奴隶制的消亡。公元前 770 年，周平王东迁洛邑以后，诸侯国为适应社会发展的需要，在政治、经济、文化等方面实施新的改革措施，与此同时国家实力不断增强，至春秋时先后出现过五个霸主，其中便有楚庄王。

战国时期，各国为求进一步发展，纷纷实施变法改革以图自强，其中唯有商鞅在秦国进行的改革最为彻底，也最为成功。秦国经过几代国君的励精图治，实力不断增强，至屈原出生时，秦国已经崛起，国力强大，开始了东征西讨的称霸历程。秦国此举严重威胁到（齐、楚、燕、韩、魏、赵）六国的生存。

而此时的楚国霸主地位不再，实力大不如以前，面对强秦有时也只能委曲求全。屈原的父亲伯庸（本名屈章）作为楚国国君后裔，本人就是一位刚正不阿的爱国勇士，面对楚国的现状虽有心而力不足，但对于屈原从小就开始培养他的爱国主义情怀。

伯庸常常教导屈原说："千经万典，治世为先，千忙万急，效国为重。要多多读书，长大了才能报效国家，只有国家振兴了，老百姓才有希望。"在父亲的教导下，屈原自幼便博览群书，不管是讲治国安邦之道的书籍，还是介绍民俗民风的诗歌，屈原都会用心去读。父亲伯庸为他专门推荐《尚书》《诗经》《彭咸传》《伯夷传》《巫阳曲》等书，屈原更是百看不厌，潜心研读。有一个传说，屈原少年时为了读书，在学堂完成学习任务后，便在家乡附近的山洞里继续读书，常常读到深夜才回家，后来人们将屈原当时读书的山洞称为"读书洞"①。

---

① 地点位于湖北省宜昌秭归县乐平里响鼓溪左岸。

爱国主义

屈原虽出身贵族，但自幼与普通民众生活在一起，他了解民间疾苦，十分同情贫困百姓，可以说正是因为其父对其自小的引导和培养以及他的成长经历，让屈原少年时就树立远大的志向，拥有了爱国爱民的情怀。

公元前 321 年，秦国军队侵犯楚国，年仅 19 岁的屈原虽不是楚国官员，但仍然自觉组织乐平里的青年奋力抗击，一方面对楚国青年进行思想教育，传播爱国主义思想；一方面巧妙利用战术，机智地给秦军以沉重打击，最终取得胜利。此战让屈原的才华尽显，从而引起楚国国君楚怀王的注意，第二年（公元前 320 年）20 岁的屈原正式走入了仕途。

自幼的家庭教育和博览群书的思考让屈原很早就形成了一系列关于国家治理的思想，主要内容就是"美政"，所谓"美政"就是明君贤臣共兴楚国，主要做法就是楚君首先应该具有高尚的品德，才能够治理国家，其次应该选贤任能、罢黜奸佞，最后是修明法度，即法治思想。可以看得出来，屈原的治国之策无不体现出人文精神，强调道德伦理的重要性。

进入仕途的屈原，面对楚国的现状，要想改变楚国的命运，就必须让楚国变得足够强大，而强大就只有变法图强，秦国的不断强大就在于商鞅的变法彻底，打破了贵族利益集团对国家的侵蚀。屈原心里明白，只要变法就会触动贵族阶层的利益，也必然会遭到他们的攻击和陷害，历史上的变法者下场都比较悲惨，如吴起被射死、商鞅被车裂。但是，强烈的爱国主义情怀以及拯救楚国国民于水火之中、恢复楚国霸业的理想，让屈原并

没有因为残酷的现实而退缩，再加上当时的楚怀王（比屈原大 15 岁）也正值壮年，屈原在国君的支持下，开始了楚国历史上轰轰烈烈的第二次变法运动①。

楚国的实力很快增强，变法虽颇有成效，然而不到四年（公元前 317—公元前 314 年），就遭到了楚国贵族的强烈阻扰。上官大夫向楚怀王进献谗言，诬陷屈原。不明是非的楚怀王听信了谗言，渐渐地疏远屈原。

公元前 313 年，27 岁的屈原被外放至汉北地区（今河南西峡、淅川、内乡一带），第二年，楚怀王两次伐秦均被打败，楚君复用屈原。至公元前 304 年，36 岁的屈原开始了长达 6 年的流放生活，屈原虽然被流放，但是，他的爱国情怀不变，忧民的心未改，他仍在坚守，在等待，等待着有一天楚怀王能够明辨是非，重新召回并重用他，让他圆了自己的强国之梦。但是，事与愿违，在屈原流放期间，楚怀王接连受到秦国的欺骗，屈原极力劝谏都没有被采纳，最终，楚怀王不仅背弃了盟国，还被囚死于秦国。

楚顷襄王继位后，屈原虽不在朝，但仍然关心国事，心系百姓，多次向楚顷襄王上谏，然而楚君非但没有听从屈原的建议，反而大怒将屈原驱逐至江南（今湖北、重庆、安徽等地）。至此，楚国逐渐走向衰落，屈原满腹才华无处施展。

公元前 296 年，44 岁的屈原开始了长达 18 年的流放生活，极度郁闷的屈原开始创作《离骚》等诗歌，把自己的感受和情怀体现在诗歌当中："屈

①　楚国第一次变法为吴起变法。

平疾王听之不聪也，谗谄之蔽明也，邪曲之害公也，方正之不容也，故忧愁幽思而作《离骚》。"

"帝高阳之苗裔兮，朕皇考曰伯庸……

汩余若将不及兮，恐年岁之不吾与……

路漫漫其修远兮，吾将上下而求索……"

公元前 278 年，秦国攻破楚国都城后，62 岁的屈原在极度绝望中，跳汩罗江自杀了。

屈原一生，从少时的志向，到成年之后的政治作为，无论在位还是不在位都心系国家，一心为国家的富强而竭尽全力，即使国君已经不信任自己，仍然时时挂念祖国，可以说屈原的一生是伟大的一生，他用他矢志不渝的做法向世人证明了爱国的内涵，为我们的民族、国家留下了宝贵的精神财富，正如习近平总书记讲的爱国主义是我们民族精神的核心。

人物简介：

屈原（约公元前 340—公元前 278 年），战国时期楚国诗人、政治家。周显王二十九年（公元前 340 年）正月初七日，一说周显王三十年（公元前 339 年）正月十四日，屈原生于楚国丹阳秭归（今湖北宜昌）。

芈姓，屈氏，名平，字原；又自云名正则，字灵均。楚武王熊通之子屈瑕的后代。少年时受过良好的教育，博闻强识，志向远大。早年受楚怀王信任，任左徒、三闾大夫，兼管内政外交大事。他提倡"美政"，主张对内举贤任能，修明法度，对外力主联齐抗秦。

周赧王三十七年（公元前 278 年），楚国国都被秦军攻破，楚顷襄王逃走，面对国家灭亡的境地，屈原因绝望于农历五月五日投汨罗江自尽。

知识链接：

《诗经》是中国古代诗歌的开端，是最早的一部诗歌总集，收集了西周初年至春秋中叶（公元前 11 世纪至公元前 6 世纪）的诗歌，共 311 篇，反映了周初至周晚期约五百年间的社会面貌，在内容上分为《风》《雅》《颂》

三个部分。《风》是周代各地的歌谣;《雅》是周人的正声雅乐,又分《小雅》和《大雅》;《颂》是周王庭和贵族宗庙祭祀的乐歌,又分为《周颂》《鲁颂》和《商颂》。《诗经》的作者佚名,绝大部分已经无法考证,传为尹吉甫采集、孔子编订。

《楚辞》是屈原创作的一种新诗体,并且也是中国文学史上第一部浪漫主义诗歌总集。《楚辞》经历了屈原的作品始创、屈后仿作、汉初搜集、至刘向辑录等历程,成书时间应在公元前26年至公元前6年间。

《楚辞》对整个中国文化系统具有不同寻常的意义,特别是文学方面,它开创了中国浪漫主义文学的诗篇,因此后世称此种文体为"楚辞体"、骚体。而四大体裁诗歌、小说、散文、戏剧皆不同程度存在其身影。

《诗经》和《楚辞》都是我国先秦时代最重要的诗歌著作。它们一个代表现实主义,一个代表浪漫主义;一个主要在黄河流域,代表了当时的中原文化,一个主要在长江流域,代表了属于南方楚地的乡土文学;一个以四字句为主,篇章较短,风格朴素;一个篇章宏阔,汪洋恣肆,句式参差错落,富于变化,感情奔放,想象力丰富,文采华美;一个多用赋比兴,一个运用大量的想象和象征。

怀赤子心，做铁路人

——詹天佑

勿屈己而徇人，勿沽名而钓誉。

1861年4月26日，詹天佑出生于广东省广州府南海县（今南海区）的一个大户人家，因祖辈经商，家境殷实，父母也注重教育，从小他就学于私塾。十二岁那年，詹天佑考取清政府幼童出洋（清政府选派幼童留洋以求引进西学，革新社会），赴美国留学。

1878年，勤奋刻苦的詹天佑以全校第二名的优异成绩考入了闻名世界的耶鲁大学，并且经过慎重考虑祖国的发展现状之后，选择进入土木工程系专习铁路工程。在卧虎藏龙、人才济济的世界顶尖学府里，詹天佑勤奋努力、刻苦钻研，各科成绩优异，还在一、三年级，两度获得数学奖学金。在课余时间，他阅读大量书籍，参加各种体育活动，展现出不凡的学习能力和接受能力。在 20 岁那年，他凭借出色的表现和优异的成绩完成了大学的本科课程。而在当年归国的 105 名留美学生中，仅有两位获得了学士学位。

1881 年，詹天佑从耶鲁大学毕业之后，回到国内，被派往福州船政局后学堂学习海军轮船驾驶，因成绩优异而获得五品军功。随后，在 1884 年，詹天佑任后学堂教习，在工作中认真负责，因教导出色，获得清政府嘉奖的五品顶戴奖。

1888 年，詹天佑此时已经小有名气，在昔日老同学邝孙谋的推荐下，詹天佑来到中国铁路公司担任工程师。自此，他开始将毕生心血倾注于铁路工程之中。

1889 年至 1894 年，詹天佑在中国铁路公司任工程师，修筑了唐山至古冶、古冶至山海关的铁路和工程极为艰巨的滦河大桥。在修筑滦河大桥之前，许多国家都想兜揽这桩生意，总工程师金达认为英国人技术先进，然而，英国人并不能拿出可实施的方案。日本、德国的工程师也都进行了

尝试，然而，始终无法攻克这个难关。随着工期一天一天地延误，金达想，不如让詹天佑试一试。詹天佑十分清楚建造滦河大桥的难度，在详尽分析了其他国家工程师失败原因之后，他又到滦河附近，对地形、土壤、水质进行了周密的勘探与研究，最后决定推翻之前外国专家的方案，改变打桩地址，采用中国最传统的方法，以中国的专业潜水员潜入河底，同时，调配协同工作的设备进行操作，经过了一系列的艰难险阻、克服了一个又一个困难，最终胜利完成了打桩任务，建成滦河大桥。如今，这座被当地人称作"老桥"或"花梁桥"的大桥早已退出了历史的舞台，尽管饱经120多年风霜，但它依然横跨于宽宽的滦河上，诉说着中国铁路建设辛酸且辉煌的历史。

要说滦河大桥是中国铁路建设史上的一个奇迹，那么京张铁路便是詹天佑的巅峰杰作。1905年，清政府做出决定，任命詹天佑为修建从北京至张家口铁路的总工程师。消息一出，轰动全国，国内民众都认为这是中国铁路扬眉吐气的一次机会。帝国主义列强却认为这是个笑话。有一则外国新闻报道十分傲慢，用轻蔑的口吻写道："能在中国南口以北修筑铁路的中国工程师还没有出世呢。"在他们看来，南口往北便是居庸关，继续向北则是八达岭，这一路上地势险要、环境恶劣，到处都是高山深涧，悬崖峭壁，这样艰巨的工程，让当时西方国家多个著名的工程师都望而生畏，而一个名不见经传的詹天佑又怎能胜任这个职位呢？

然而，心怀爱国热忱的詹天佑不怕艰难困苦，也不怕冷嘲热讽，毅然接受了任务，马不停蹄地赶到了施工工地，开始了具体工作。他翻山越岭，穿越沟壑，仔细勘测，周密计算，不畏辛苦，不计回报，不放过一丝细节，做好充分的准备。每当大伙儿遇到困难时，詹天佑常常为工作人员打气说："我们的工作首先要精准，不能有一丝的懈怠与马虎。"他亲自带着学生和建筑工人，扛着巨大的标杆，背着沉重的经纬仪，在悬崖峭壁上定点、测绘、分析。每当遇到难题，他总是想：这是中国人自己修筑的第一条铁路，一定要把它修好；否则，不但引来外国人的讥笑，还会使中国的年轻工程师失掉信心，后果将不堪设想。为了寻找一条合适的线路，他常常虚心学习，到当地去了解地形，咨询农民。

京张铁路要经过崇山峻岭，开凿隧道便成了无法避免的难题。在这一段工程中，居庸关和八达岭地形复杂多变，交通不便，两个穿山隧道的开凿工程最为艰巨。面对如此难题，詹天佑决定颠覆固有思维的限制，采用从南和北两头同时向隧道中间进行开凿。同时，由于隧道非常的长，可以在隧道中部的山顶开凿两个竖直的开凿井，分别向相反方向同时进行开凿，如此就有六个工作面同时进行施工，大大提升了施工效率，缩短了工期。而在地形陡峭的地方，他运用"折反线"原理，修筑的"之"字形路线不仅能够降低工程成本和施工难度，而且还降低爬坡度，有利于火车的行驶，并利用两头拉车交叉行进，保证火车的运行正常。在铁路建设初期，列车出轨的事件时有发生。曾在美国留学的詹天佑想到了美国人詹尼发明的自动挂钩，如果将这种挂钩加在每节车厢，让车厢与车厢结合成一个牢固整体，

这样既能降低车厢出轨的可能，又确保爬坡时的安全。这些工程智慧不仅在当时是轰动一时的创举，在如今也是影响深远、应用广泛。

在京城附近修建铁路，常常要付出不可预计的"代价"。京张铁路要经过一个前任道员家的坟地，而这位道员是皇室的亲戚，在京城与朝廷有很大的势力。他率一众人寻衅滋事，阻挠工程进展，在私下里，又用重金贿赂相关人员，要求铁路绕开此地。可是在此地四周也都是权贵的墓地，如果改道，又将造成无法估量的浪费。詹天佑为了能让工程竣工，忍辱负重，花费许多精力与时间，和权贵们进行交涉、谈判，经过一番努力，终于让铁路从墓墙外通过。但是，应权贵们的要求，为保持"风水"，他答应在铁路附近另修一条河，定期派遣官员前去拈香设祭，铁路竣工之后，还要专门设立纪念碑以纪念。其他的工程人员都愤愤不平，无法接受这些不合理的条件，但詹天佑表示，只要能将京张铁路修建好，不再被外国人小看，这些小事都是可以忍受的。

这条铁路在不到四年的时间里就全线竣工，比原来的建设规划提早足足两年，无论是工程质量还是工程效率，都令世界惊叹。今天，如果我们坐火车前往八达岭，在经过青龙桥车站时，可以看到一座铜像，那就是詹天佑，他静静地看着他的创作，默默地守护着中国第一条铁路。

詹天佑的成就震惊中外、举世瞩目，英国铁路轨道学会将他纳入成为会员。1914 年，詹天佑任职交通部技监并任汉粤川铁路督办，针对外国借款短缺等严重困难，统一筹划。为了鼓励更多的青年才俊投身到建设国家、富强独立的大业之中，他作为汉口欧美同学恳亲会会长发表演说，号召青年"各出所学，各尽所知，使国家富强，不受外侮，足以自立于地球之上。"同年，粤东水灾情况严重，詹天佑被选为汉口救灾会会长，他四处演说，带头捐款，各界人士都被他的所言所行所感动，纷纷为救灾贡献出自己的一份力量。

1919年，詹天佑电告巴黎和会表示：中国代表反对国际共管中国铁路。2月，他在海参崴、哈尔滨代表中国出席国际联合监管远东铁路会议。二月的严寒能冰封世界，但是抵挡不住詹天佑炙热的赤子之心。会议中，面对帝国主义列强的狼子野心，詹天佑力保主权完整，凭借崇高的国际威望和参会中国代表的共同努力，最终取得了中东路沿线我国驻军的护路权，一举粉碎了列强企图以护路为名，实则武力夺取中东路的阴谋；并争得了我国工程师在中东路的工作地位，最大限度地保护了国家的利益。但他最终因疲劳过度，积劳成疾，再加上往日落下的腹疾复发，不得已请假接受治疗。4月24日在汉口仁济医院，詹天佑因腹疾严重，心力衰竭逝世，终年58岁。詹天佑在临终的遗嘱之中并没有提及自己的私事，而向国家表达了自己的三点思考：一、振奋发扬工程师学会活动，以兴国阜民；二、慎选人才管理俄路，以扬国光；三、就款计工，唯力是视，脚踏实地建成汉粤川全路。并称，上述三事乃天佑未了之血忱，如得到国家采纳，则天佑虽死之日，犹生之年。

詹天佑逝世的消息传出后，北京、汉口、广州、上海、天津各地都举

行了公祭，各界人士纷纷前往悼念。远东铁路会议也致哀以表示对詹天佑的尊敬。中华工程师学会、京绥铁路局同人会在邝孙谋和丁士源等人的联合倡议下，以及以颜德庆为首的汉粤川铁路湘鄂线工程局500余人，联合呈请将詹天佑生平事迹"借没世之光荣，作后来之矜式"。

他是我国近代科学技术的先驱者之一，他是伟大的爱国主义者，他是杰出的铁路工程专家。作为中国近现代铁路事业的先行者，詹天佑被人们称作中国铁路之父、中国近代工程之父、中华铁路第一人。周恩来同志更是评价说：詹天佑是中国人的光荣。

人物简介：

> 詹天佑，字眷诚，号达朝。生于 1861 年 4 月 26 日，逝于 1919 年 4 月 24 日，享年 58 岁。
>
> 幼年就读于私塾，12 岁留学美国，他以优异的成绩从耶鲁大学土木工程系毕业。归国后，他致力于国家的铁路、桥梁等基础建设，并且满怀爱国热情，积极投身于人才培养与国家发展的事业之中。
>
> 他曾负责修建京张铁路、滦河大桥等知名工程，拥有《铁路名词表》《京张铁路工程纪略》等多部著作，发明与创造的折返线等工程技术应用广泛、影响深远，为中国近现代铁路发展做出了卓越贡献。

知识链接一：

中国留美幼童是中国历史上最早的官派留学生。19 世纪后期，清政府为了振兴国家，谋求发展，在李鸿章和曾国藩的支持下，清政府于 1872 年至 1875 年，先后派出了四批赴美留学生，共计 120 名，这群学生的平均年龄不过 12 岁。

这群中国历史上最早的官派留学生，大多数在回国后进入了相关的技

术行业工作，推动了中国现代化的发展。

知识链接二：

京张铁路为詹天佑主持修建并负责的铁路，它连接北京丰台区，经八达岭、居庸关、沙城、宣化等地至河北张家口，全长约 200 公里，1905 年 9 月开工修建，于 1909 年建成，是中国首条不使用外国资金及人员，由中国人自行设计，投入营运的铁路。这条铁路工程艰巨。现称为京包铁路，以前的京张段为北京至包头铁路线的首段。

京张铁路是袁世凯在清政府排除英国、俄国等殖民主义者的阻挠，委派詹天佑为京张铁路局总工程师（后兼任京张铁路局总办）修建的。

2018 年 1 月，京张铁路入选第一批中国工业遗产保护名录。

文化旗手　民族毅魄

——鲁迅

> 万家墨面没蒿莱，敢有歌吟动地哀。
> 心事浩茫连广宇，于无声处听惊雷。
> ——《无题》

　　鲁迅，1881 年出生于浙江绍兴周家。在鲁迅出生时，周家是当地的望族大户，祖父周福清在朝中为官，父亲周伯宜是当地的秀才，作为家中的长孙，鲁迅的出生给周家带来了无尽的喜悦，鲁迅的童年相比于同时代的绝大多数孩子而言是幸福的。

　　六岁时，鲁迅开始接受启蒙教育，十一岁进入三味书屋读书，其塾师寿怀鉴是"本城中极方正、质朴、博学的人"。一次因家中事由，鲁迅上学

迟到，受到了寿怀鉴的严厉批评，此后，他在自己的桌子上刻下来一个"早"字以鞭策自己。

1893年，一场风暴席卷了原本殷实富足的周家，鲁迅祖父因牵连科场舞弊案被捕入狱，父亲受到沉重的打击，染上重病，这成为周家没落的分水岭，也是鲁迅成长历程中的一道艰难"坎坷"。

鲁迅随母亲到外婆家避难，遭受了亲戚乡邻的白眼和嘲讽，有时被称为"乞食者"，他在《＜呐喊＞自序》中感慨，"有谁从小康人家而坠入困顿的么，我以为在这途路中，大概可以看见世人的真面目"。

家道中落，父亲重病，身为长子的鲁迅承担起了许多家庭的重担。为了给父亲治病，他几乎每天迎着冷眼、蔑视出入于当铺和药铺，饱尝世态炎凉和社会滋味。

在给父亲治病的过程中，鲁迅对那时的医生以及封建传统文化产生了怀疑和憎恶。医生不仅诊费高昂，所开的药引子也是十分奇特，须是"冬天的芦根，经霜三年的甘蔗，原对的蟋蟀，结子的平地木……都是些不容易办到的东西"，然而，这些并没有延缓鲁迅父亲的病情，不久便亡故了。

灿烂的童年一去不复返，在家道中落和人情冷暖中，少年鲁迅承受着心灵上的打击和考验，深深感受到"势利眼"和人情淡薄。1898年，鲁迅怀揣着母亲多方筹措的八元川资，决心赴南京求学，并且考取了江南水师学堂，不久改入矿路学堂，此时，他正式改名为周树人。

鲁迅认真学习自然科学知识，阅读大量的"新书"，开拓知识和眼界。他尤其喜爱《天演论》"物竞天择，适者生存"，联想到积贫积弱、思想愚昧的旧中国，促使他对社会开始进行深刻的思考。

1902年，鲁迅以优异的成绩毕业，公派日本留学。他结识了秋瑾、徐锡麟等一批革命志士，加入了革命团体光复会，并剪去象征着压迫和封建统治的辫子，以此明志。他赋诗一首《自题小像》："灵台无计逃神矢，风雨如磐暗故园。寄意寒星荃不察，我以我血荐轩辕。"表达自己对于"风雨如磐"的正处于水深火热之中的祖国的热爱和忧虑，并坚定地抒发自己愿以热血和生命为国奉献的豪情。

翌年，鲁迅赴仙台学医，以期"救治像我父亲似的被误的病人的痛苦。"学医期间，鲁迅遇到了"在我所认为我师的之中，他是最使我感激，给我鼓励的一个"的藤野先生，也更遇到了影响他一生的事情。

一次考试后，同学污蔑讥刺鲁迅取得好成绩是教员泄露了题目，鲁迅在《藤野先生》一文中悲愤地说道，"中国是弱国，所以中国人当然是低能儿，分数在六十分以上，便不是自己的能力了：也无怪他们疑惑"。

而后在课间观看幻灯片时，鲁迅看到了久违的许多中国人，被绑在中间的人正要被日军砍头示众，周围许多人站在左右，围着"鉴赏"这"盛举"，都是强壮的体格和麻木的神情。此事对鲁迅震撼极大，他后来回忆道，"从那一回以后，我便觉得医学并非一件紧要事，凡是愚弱的国民，即使体

格如何健全，如何茁壮，也只能做毫无意义的示众的材料和看客，病死多少是不必以为不幸的。所以我们的第一要著，是在改变他们的精神。"

弃医从文，唤醒麻木的国人，成为鲁迅毕生的追求。1909 年，鲁迅从日本回国，在杭州任中学教员，民国成立后，鲁迅赴京在教育部任职。这段时间，他这样描述自己的心情，"见过辛亥革命，见过二次革命，见过袁世凯称帝，张勋复辟，看来看去，就看得怀疑起来，于是失望，颓唐得很了。"他将大量精力投入到中国古代历史的研究中，研究石刻、校勘古籍、抄录古碑。寝馈在数千年的封建历史中，结合自己的少年经历，鲁迅看到了专制、虚伪、保守、愚昧，他彷徨，但更准备要呐喊，去唤醒这个古老国度的愚氓，唤醒这个沉睡的神州。

1918 年 5 月，鲁迅在《新青年》杂志上发表了中国近现代文学史上第一篇白话文小说《狂人日记》，这也是他首次使用"鲁迅"这个笔名。《狂人日记》深刻揭露和批判了封建宗族制度和礼教"吃人"的黑暗本质，文章一经发表，便以其凌厉的思想和新奇的角度，划破阴霾的夜空。

自此以后，鲁迅相继创作出《孔乙己》《药》《阿 Q 正传》等不朽名篇，出版了小说集《呐喊》《彷徨》、散文诗集《野草》、散文集《朝花夕拾》以及学术巨著《中国小说史略》等，以其深邃的思想和丰厚的艺术形式，强烈地震撼着广大民众，尤其是青年群体。鲁迅成为新文化运动的伟大旗手，成为中国现代文学的奠基者。

其中《阿 Q 正传》，在辛亥革命的大背景下，将旧中国的各种病态国民

爱国主义

心理，将国民劣根性酣畅淋漓地揭露出来，如手术刀般直中要害，以此来促使人们反省自身，扫除愚昧和麻木。作品一经问世，在社会上便引起了广泛而深刻的反响。

鲁迅于中后期创作了大量杂文，如"匕首和投枪"，英勇地战斗着。他的杂文犀利深刻，极具批判性，不断与压迫民众的封建旧思想斗争，与迫害进步学生的军阀斗争，与国民党黑暗统治斗争，与一切"黑暗""愚昧""麻木"斗争。他会毫不犹豫地写道，"专制者反面就是奴才，有权时无所不为，失势时即奴性十足"；他会一针见血地剖析，"敌人是不足惧的，最可怕的是自己营垒里的蛀虫，许多事情都败在他们手里"；他会义愤填膺地感慨，"中国一向就少有失败的英雄，少有韧性的反抗，少有敢单身鏖战的武人，少有敢抚哭叛徒的吊客，见胜兆则纷纷聚集，见败兆则纷纷逃亡"；他会正气浩然地讽刺，"战士战死了的时候，苍蝇们所首先发见的是他的缺点和伤痕，嘬着，营营地叫着，以为得意，以为比死了的战士更英雄……然而，有缺点的战士终竟是战士，完美的苍蝇也终竟不过是苍蝇"。这些文字时至今日读起依旧振聋发聩。

鲁迅十分爱护青年，关怀青年的成长，他在文章中深情寄语，"最愿中国青年都摆脱冷气，只是向上走，不必听自暴自弃者流的话。能做事的做事，能发声的发声。有一分热，发一分光，就令萤火一般，也可以在黑暗里发一点光，不必等候炬火"。在鲁迅周围团结了一大批进步青年。

1930 年，正是"城头变幻大王旗"的动荡年月，鲁迅参与发起成立"中

国左翼作家联盟"。成立大会上，鲁迅对当时"左"倾路线的影响进行了批判，提出要以服务工农大众为目的、坚决持久地和旧社会、旧势力进行斗争等指导思想，"左联"成为和国民党反动派进行文化斗争的前沿阵地。斗争是残酷的，这样进步的组织自然遭到了反动当局的残酷镇压，鲁迅也受到通缉。翌年，柔石等"左联五烈士"被秘密杀害，鲁迅闻讯，悲痛愤慨，愤怒写下诗句："忍看朋辈成新鬼，怒向刀丛觅小诗。吟罢低眉无写处，月光如水照缁衣。"

"真的猛士，敢于直面惨淡的人生，敢于正视淋漓的鲜血。"在生命的最后几年，鲁迅更加积极地投身到抗日救亡运动中，更加勇敢地以笔为枪，为了他热爱的祖国和民众战斗着，正如他的诗句"横眉冷对千夫指，俯首甘为孺子牛"。

1936 年 10 月，鲁迅因肺病在上海去世。数万民众自发为鲁迅送葬，并将绣着"民族魂"的旗帜覆盖在鲁迅的灵柩上。"有的人活着，他已经死了，有的人死了，他还活着……他活着为了多数人更好地活着的人，群众把他抬举得很高，很高。"鲁迅，一直活在人们的心中。

毛泽东在《新民主主义论》中对鲁迅进行了高度的评价："鲁迅，就是这个文化新军的最伟大和最英勇的旗手……鲁迅的骨头是最硬的，他没有丝毫的奴颜和媚骨，这是殖民地半殖民地人民最可宝贵的性格。鲁迅是在文化战线上，代表全民族的大多数，向着敌人冲锋陷阵的最正确、最勇敢、最坚决、最忠实、最热忱的空前的民族英雄。鲁迅的方向，就是中华民族新文化的方向。"

人物简介：

鲁迅（1881年9月25日－1936年10月19日），原名周树人，字豫才，浙江绍兴人。青年时期弃医从文，以笔为枪，广开民智，是中国现代文学的伟大奠基者，是五四新文化运动的重要参与者，是中国近现代伟大的文学家、思想家和民主战士。

知识链接：

自题小像

灵台无计逃神矢，风雨如磐暗故园。

寄意寒星荃不察，我以我血荐轩辕。

《自题小像》是鲁迅在1903年创作的一首七言绝句。

灵台，即指心，古人认为心有灵台能纳智慧；神矢，指爱神丘比特之箭。首句意为自己的心深深热爱着自己的祖国。

风雨如磐，意指黑暗的统治依然如磐石般深重；故园，即祖国。次句意为祖国依然处在水深火热的黑暗之中。

寄意寒星，作者当时远在日本，希望将自己的拳拳爱国心、救国救民

之情寄予天上寒星转达给祖国；荃不察，出自《离骚》，荃，香草，喻指国君，此处指祖国和人民，不察，即不理解。第三句意为希望自己的爱国救国之情能够被国民更多地理解，即国民更多地觉醒起来，一起救国奋起。

荐，奉献；轩辕，即轩辕黄帝，此处喻指中华民族、中国。最后一句，意为我一定将自己的一腔热血奉献给我的祖国。

该诗激扬顿挫，在旧中国黑暗背景下，作者抒发了自己胸中强烈的爱国热情，唤醒民众，热血报国的激越慷慨之情喷薄而出，成为鲁迅战斗一生的光辉写照。

革命先驱

——李大钊

铁肩担道义，妙手著文章。

那些年，山河破碎，民族危亡，举国上下寻求革命，渴望在变革中找到"站起来"的希望；那些年，民智未启，思想不开，仁人志士上下求索，试图用新思想、新文化唤醒国家民众。从谭嗣同一句"请自嗣同始"，一代代人前赴后继牺牲在通往光明的道路上；从孙中山喊出"三民主义"的口号，革命者们又共同为了民族独立而奋起抗争。终于，随着毛主席"中国人民从此站起来了"掀开了国家与民族的新篇章，大踏步地在国家富强与民族复兴

的道路上迸发。而今天故事的主角，便是中国共产党主要创始人之一——李大钊同志，他被毛主席尊称为"真正的老师"。

近代以来，由于西方列强的入侵和封建统治本身所固有的腐败，中华大地山河破碎、生灵涂炭，中国逐渐沦落为半殖民地半封建社会。目睹国家危亡局势和社会黑暗状况，李大钊等老一辈无产阶级革命家肩负起了为人民谋幸福、救民众于水火的历史重任。

1889年10月29日，李大钊出生在河北省乐亭县。1907年，李大钊考入天津北洋法政专门学校学习政治经济。1913年冬，他东渡日本，考入东京早稻田大学政治本科学习。当日本帝国主义向袁世凯提出灭亡中国的"二十一条"时，他正积极参加留日学生总会的爱国斗争。此后，由他起草的《警告全国父老书》迅速传遍全国。李大钊也因此成为举国闻名的爱国志士。

1916年，李大钊回国后，积极参与正在兴起的新文化运动。俄国十月革命的胜利极大地鼓舞和启发了李大钊，他先后发表了《法俄革命之比较观》《庶民的胜利》《布尔什维主义的胜利》等文章和演说。1919年，他又发表了《新纪元》《我的马克思主义观》《再论问题与主义》等几十篇宣传马克思主义的文章。

1920 年 3 月，由李大钊在北京大学组织发起的马克思学说研究会成立。10 月，在李大钊发起下，北京的中国共产党早期组织建立。1921 年，中国共产党成立后，李大钊代表党中央指导北方的工作。1926 年 3 月，李大钊领导并亲自参加了反对日、英帝国主义和反对军阀张作霖、吴佩孚的斗争。在极端危险和困难的情况下，他继续领导党的北方组织坚持革命斗争。

1927 年 4 月 6 日，奉系军阀张作霖勾结帝国主义，闯进苏联大使馆驻地，逮捕了李大钊等 80 余人。李大钊备受酷刑，在监狱中，在法庭上，始终大义凛然，坚贞不屈。4 月 28 日，军阀不顾广大人民群众和社会舆论的强烈反对和谴责，悍然将李大钊等 20 位革命者绞杀在北京西交民巷京师看守所内。李大钊第一个走上绞架，从容就义，时年 38 岁。

被捕后，李大钊这样总结自己的一生："钊自束发受书，即矢志努力于民族解放之事业，实践其所信，励行其所知，为功为罪，所不暇计。"习近平总书记在纪念李大钊诞辰 120 周年座谈会上曾高度评价李大钊："李大钊同志开创的伟大事业和留下的思想遗产永远不可磨灭，他播撒的革命种子已经在中国大地上生根、开花、结果。正因为如此，今天，我们更加感受到李大钊同志历史眼光的深邃和思想价值的珍贵，更加感受到他革命精神的崇高和人格力量的伟大。李大钊同志永远是共产党人学习的楷模和榜样。"

"为中国人民谋幸福，为中华民族谋复兴"的初心，是李大钊革命思想和实践探索的灵魂所在。1919 年，李大钊发表《我的马克思主义观》一文。

该文既是中国人比较系统地介绍和分析马克思学说的开山之作，也标志着李大钊已经由一个民主主义者转变为一个马克思主义者。

李大钊在接受马克思主义后，通过运用马克思主义分析中国实际，深刻地认识到中国落后、民族衰落的原因是外国列强的入侵。李大钊认识到，废除不平等条约，求得民族解放只是走向民族复兴的第一步。他进一步阐明，中国要走向复兴绝不能走资本主义道路。在他看来，中国要以马克思主义为指导，走社会主义之路。

李大钊对于马克思主义的探究，绝不是书斋式的纯学术研究，而是坚持以解决中国实际问题为取向。为"达到建立——恢复民族自主、保护民众利益、发达国家产业之国家之目的"，李大钊以大无畏精神投入到国民革命的实践活动中。在五四新文化运动中，李大钊和陈独秀、胡适、鲁迅等人的贡献各不相同。

李大钊对五四新文化运动始终朝着"直接行动"的方向去理解。在五四运动九个月之后，李大钊在《知识阶级的胜利》中认为："'五四'以后，知识阶级的运动层出不已，到了现在，知识阶级的胜利已经渐渐证实了。我们很盼望知识阶级作民众的先驱，民众作知识阶级的后盾。知识阶级的意义，就是一部分忠于民众作民众运动的先驱者。"

纪念五四运动两周年时，李大钊在《中国学生界的"MayDay"》中认为："五月四日这一天，是中国学生界'MayDay'。因为在那一天，中国学生界用一种直接行动反抗强权世界，与劳动界的五月一日有同一的意味，所以要把他当做一个纪念日。""我盼望中国学生界，把这种精神光大起来，依人类自由的精神扑灭一切强权，使正义、人道，一天比一天昌明于全世界，不要把他看狭小了，把他仅仅看做一个狭义的爱国运动的纪念日。"

李大钊虽然没有在党内担任重要的领导职务，但他创始人的历史地位却是不可动摇的。他是中国第一个富有理性的马克思主义者，开创了中国共产主义运动及其思想传统。为组建中国共产党，共产国际代表来华所接洽的第一个人就是李大钊。在中国，最早向世人公开表示"马克思主义观"的，也是李大钊。而孙中山所指定进入国民党一大主席团的唯一的共产党人还是李大钊。

需要知道，在早期的中国共产党人中间，李大钊是他们心目中的精神领袖。就连年长他10岁的陈独秀也曾自谦道："'南陈'徒有虚名，'北李'确如北斗"。

而且，从介绍十月革命的革命经验，传播马克思主义的思想，到创建一个又一个的先进组织，再到中共一大的筹备，李大钊都起到了先锋与领路人的作用。

受李大钊影响的中共一大代表，首先要提的就是毛泽东。毛泽东开始接触马克思主义思想，显然是受到了李大钊的影响，毛泽东自己也称李大钊为"真正的老师"。毛泽东后来在和斯诺谈话时怀着深厚的感情说："我在李大钊手下担任国立北京大学图书馆助理员的时候，曾经迅速地朝着马克思主义的方向发展。"

李大钊始终心怀天下，他积极投身于劳苦大众的解放事业。这样的解放事业，正是昌明正义和人道的"直接行动"。为了这一事业，他献出了自己的薪资，献出了自己的精力，直至献出了自己年轻的生命，恰似一道闪电划过中国的上空，照亮着后来者追求光明的大道。

人物简介:

李大钊（1889 年 10 月 29 日—1927 年 4 月 28 日），字守常，河北乐亭人。1907 年考入天津北洋法政专门学校，1913 年毕业后东渡日本，入东京早稻田大学政治本科学习。李大钊同志是中国共产主义的先驱、伟大的马克思主义者、杰出的无产阶级革命家、中国共产党的主要创始人之一。他不仅是我党早期卓越的领导人，而且是学识渊博、勇于开拓的著名学者，在中国共产主义运动和民族解放事业中，占有崇高的历史地位。

知识链接:

从五四运动到中国共产党诞生，李大钊发表文章、讲义、演说等 130 余篇。这些文章贯穿着一个坚定的信念，即：马克思列宁主义一定会胜利，唯有马克思列宁主义才能解决中国的问题，中国的革命者必须高举马列主义的旗帜，奋勇前进。为了有理有据地进行马克思主义宣传，李大钊还十分重视创办报纸杂志，以扩大马克思主义理论的宣传阵地。李大钊先后创办、主编、编辑了《言治》《法言报》《民彝》《晨钟报》等十余种报刊；在《新

青年》《每周评论》《曙光》等刊物的马克思主义导向上，李大钊起了决定性的作用；他把《新青年》6卷5号编辑为"马克思主义专号"，向中国的思想界和广大青年学生集中介绍、宣传马克思主义，对一代青年走向马克思主义起了引导作用。李大钊既着眼于扩大马克思主义理论的宣传队伍，又十分重视研究马克思主义者队伍的培养。1918年初，李大钊担任北大图书馆主任，这一时期他参加了一些重要社团的创建，通过社团的活动，影响了一批进步知识分子走上马克思主义道路。

教育救国先行者

——蔡元培

教育的艺术不在传授，而在鼓舞和唤醒。

从传统的"士大夫"蜕变为现代的"知识分子"，是观察近现代中国历史变迁的重大方向之一。蔡元培的生命道路，便是从传统的"士大夫"蜕变为现代的"知识分子"的具体缩影。蔡元培十七岁考中秀才，二十三岁考中举人，二十四岁考中进士，被授为翰林院庶吉士；二十八岁在北京应散馆考试，由庶吉士升补翰林院编修。他沿着传统的科举道路，至此到了顶峰，若依循古代传统士子，他大可沿着这条既定的仕途迈进，跻身达官

显贵的行列。但是，出于对时代变迁的认识与选择，他却走向了另一条截然不同的路。

当蔡元培踏上官宦的坦途时，也正是国家内忧外患、清王朝日暮途穷之日。一八九五年中日甲午海战，清朝北洋军全军覆没，清政府派李鸿章与日本政府签订了丧权辱国的马关条约。一八九八年，由康有为、梁启超所领导的戊戌维新变法运动失败，康、梁避走海外，"六君子"被杀。这两件事件，对中国人民是个大震动，也震撼了当时的知识分子。蔡元培也感受到这股冲击，更察觉到当时知识界要求变革的新思潮，从此，他关心时局，寻求救国的新出路。

蔡元培如何从一个翰林蜕变成一个激进的革命党人？如何从一个旧时代的知识分子转变为一个新时代的教育家？或许，我们可以从蔡元培学习的经历中了解其内心的转变。

蔡元培从幼时至十六岁，接受的是传统的教育方式。他先是得到六叔蔡铭恩的细心指导，十岁后就读于家对门李中甫先生所设的私塾；十四岁以后进入经学名宿王子庄塾馆，学八股文及宋儒之学。在这段读书生涯中，他的叔父蔡铭恩对他有较深远的影响。蔡铭恩是清末廪生，工制艺，并治诗文及古文辞，藏书不少，蔡元培十余岁即翻阅《史记》《汉书》《文史通义》等书。一八八三年，蔡元培时年十七岁考中秀才，在读书上开始了自由阅读的阶段，除阅读《仪礼》《周礼》《春秋公羊传》《谷梁传》《大戴礼记》诸书外，还扩大阅读范围，有关考据、词章之学亦均检阅。二十岁时他受聘于同乡徐树兰家校书，徐树兰藏书极多，蔡元培均遍览，至此学问又更进了一步。可见蔡元培对中国旧学曾下过苦功，所以应科举考试连试皆捷，蔡元培在少年时期已名动公卿，曾被同治、光绪两朝帝傅翁同龢誉为："年少通经、文极古藻，隽才也。"可见蔡元培旧学根基的深厚。一九零七年，四十岁的蔡元培开始了他漫漫的海外求学路，也收获了足以让他改变旧学心态的新思想和新知识。

一八九八年，戊戌变法失败后，蔡元培已深刻认识到满清的堕落，非革命不能救国。蔡元培认为欲图改革，首先应从教育下手，并认为康、梁变法维新失败的原因是没有事先培养人才。他重视教育和人才培养，这影响后世深远。蔡元培十八岁至十九岁，方始任塾师；三十二岁受聘担任绍兴中西学堂监督，三十五岁任上海南洋公学教师，一九零二年与吴稚晖、章太炎等在上海组织中国教育会，被推为会长。十一月间南洋公学学生反对老师的专断，相继退学。外界归咎于蔡元培提倡民主思想的影响所致，他引咎辞职。后应学生要求，他成立爱国女校后兼任校长。一九一二年，他出任教育总长。一九一六年起，他出任北京大学校长。国民政府奠都南京后，他又主持大学院两年，中央研究院十余年，终其一生，始终没有离

开教育的岗位。

北京大学的前身是京师大学堂，这是戊戌维新运动的产物，创建于一八九八年。北京大学从创立到蔡元培接任校长之前，校风陈腐不堪，学校像个衙门，无丝毫学术气氛；教员不学无术，心里只想做官，其中有些就是北洋政府的官员；有些先生死守职责，不允许有新理论，真正有学术功底的教师可谓寥寥无几。一九一七年四月，蔡元培正式到北大视事，大刀阔斧地推行中国历史上从未有过的教育改革。他提倡民主和科学的思想，以"相容并包，思想自由"的办学原则，首先从整顿校风、改变观念入手。蔡元培以上的整顿和改革，提高了北大的学术水准，创造思想自由、学术自由的学风，让北京大学一改过去腐败沉闷的风气，后来更是成为了新文化运动的中心和五四运动的发源地。

以清末翰林身份而身入光复会、同盟会，蔡元培是第一人；以开国元勋掌管教育部，进而把一生奉献给教育事业，提倡学术自由，致力于现代科学的发展，蔡元培亦是最彻底的一位。蔡元培逝世，周恩来总理曾题挽联："从排满到抗日战争，先生之志在民族革命；从五四到人权同盟，先生之行在民主自由。"这副挽联贴切地将蔡元培一生的志业得以彰显，也的确无愧于"北大之父"的美誉。

人物简介：

蔡元培（1868年1月11日—1940年3月5日），字鹤卿，又字仲申、民友、孑民，乳名阿培，并曾化名蔡振、周子余，汉族，浙江绍兴府山阴县（今浙江绍兴）人，原籍浙江诸暨。教育家、革命家、政治家。民主进步人士，国民党中央执委、国民政府委员兼监察院院长。中华民国首任教育总长。

1916年至1927年他任北京大学校长，革新北大，开"学术"与"自由"之风；1920年至1930年，蔡元培同时兼任中法大学校长。他早年参加反清朝帝制的斗争，主持制定了中国近代高等教育的第一个法令——《大学令》。

北伐时期，国民政府奠都南京后，他主持教育行政委员会、筹设中华民国大学院及中央研究院，主导教育及学术体制改革。1927年参与发起"护国救党运动"，认为应当清党但反对杀人。1928年至1940年他专任中央研究院院长，贯彻对学术研究的主张。蔡元培数度赴德国和法国留学、考察，研究哲学、文学、美学、心理学和文化史，为他致力于改革封建教育奠定思想理论基础。1933年，蔡元培倡议创建

国立中央博物院，并亲自兼任第一届理事会理事长。1940 年 3 月 5 日，他在香港病逝，葬于香港仔山巅华人公墓。

知识链接：

　　蔡元培认为大学应当成为研究高深学问的学府，这是蔡元培办学的指导思想，也是他大学教育思想的出发点。早在 1912 年 5 月 16 日，他以教育总长身份出席北京大学开学典礼，在演说中就提出"大学为研究高尚学问之地。"在担任北京大学校长后，他更是反复申述这一思想。1917 年 1 月 9 日，他在就任校长的演说中，明确地向学生说明："诸君来此求学，必有一宗旨，欲求宗旨之正大与否，必先知大学之性质。今人肄业专门学校，学成任事，此固势所必然。而在大学则不然，大学者，研究高深学问者也"。

　　他还提出，大学不能只是从事教学，还必须开展科学研究。他要求大学教员不是灌输固定知识，而是对学问有浓厚的研究兴趣，并能引起学生的研究兴趣；大学生也不是死记硬背教员的讲义，而是在教员的指导下自动地研究学问。为了使大学能承担起教学，科研双重任务，他极力主张"凡大学必有各种科学的研究所"。他在《论大学应设各科研究所之理由》的文章中，详列了三点理由：

　　一是大学无研究院，则教员易陷入抄发讲义不求进步之陋习。

　　二是设立研究所，为大学毕业生深造创造条件。

　　三是使大学高年级学生得以在导师指导下，有从事科学研究的机会。

　　蔡元培是第一位提出"军国民教育、实利主义教育、公民道德教育、世界观教育、美感教育皆近日之教育所不可偏废"的教育思想家，主张五育并举，这是蔡元培教育思想的一个显著特点。

追望大道者

——陈望道

> 一个人，如果要在事业上有所成就，需要七分学者气，三分才子气。学者气长到十分就会呆，才子气长到十分就会浮。

——题记

1848年2月，一本23页的德文小册子从伦敦的一家印刷厂运出，从那一刻起，"一个幽灵，共产主义的幽灵，在欧洲游荡"，并且开启了它改变世界历史进程的序幕。七十二年后，在浙江义乌分水塘的一间草屋里，伴着微弱的烛光，这本23页的小册子在一位29岁青年的笔下，一字一句，变成了方块字。青年未曾想到，他笔下的这些方块字，即将照亮全中国。他就是《共产党宣言》的中文版首译者——陈望道先生。

陈望道，原名参一，笔名陈佛突、陈雪帆、南山、张华、一介、焦风、晓风、龙贡公等。浙江义乌人。中国著名教育家、修辞学家、语言学家。陈望道出生于富裕之家，和当时不少进步青年一样，1915 年，赴日本留学。在留学期间，他受到河上肇、川山均两位老师的影响，接触到了马克思主义，并积极参与马克思主义传播活动，他希望通过学习马克思主义来改变当时中国的制度，这是他的初心和使命。

1919 年，五四运动爆发，陈望道毅然回国。那年 6 月，受到浙江第一师范校长经亨颐的邀请，陈望道开始在一师任教，教授语文。一师是新文化运动的中心，为陈望道施展他的抱负提供了舞台。他为学生上的第一课便是鲁迅的白话文《狂人日记》；他与师生一起积极投身于五四新文化运动，提倡新道德新文学，反对旧道德旧文学；同刘大白、夏丏尊、李次九被称为"四大金刚"，一同发起了影响深远的国文改革；主张汉字书写要横排书写，废除文言文，提倡白话文；创办《校友会十日刊》，大量刊载李大钊、陈独秀、鲁迅等新文化运动主将的文章；资助学生施存统、俞秀松等人创办《浙江新潮》，指导施存统完成《非孝》这篇反封建伦理道德的文章。《非孝》在《浙江新潮》刊发后，便遭到了反动当局的查封，陈望道被扣上"非孝、废孔、共产、公妻"的罪名。反

动当局责令校长经亨颐将他革职查办，此令受到经亨颐和全校师生的坚决反对。反动当局随即派出 500 多军警包围学校，从而酿成了著名的浙江"一师风潮"。这一风潮得到全国声援，最终迫使反动当局收回成命。但是陈望道还是不得不离开了一师，而他的一批学生，在他的影响下投入了波澜壮阔的革命之中。

1920 年，失业的陈望道收到当时上海著名报刊《星期评论》的一封信，邀请他翻译《共产党宣言》。翻译《共产党宣言》，这既需要很好的外文功底，又需要很深的中国传统文字功底，还要能熟练运用白话文，而陈望道都符合。就这样，带着日版、英版的《共产党宣言》，陈望道回到了自己的故乡。

陈望道的儿子陈振新在一次接受采访时，生动讲述了父亲译书过程中的一个小故事。"父亲为了能避开各种干扰静下心来译书，他躲进了离住宅不远处的柴屋内。柴屋年久失修，漏风漏雨，屋里除了一块铺板和两条长凳，什么都没有。村子在山沟里，早春天气十分寒冷，尤其到了晚上，冻得他手脚发麻。因为父亲译书经常要熬夜，没几天，他就瘦了不少。祖母很心疼，特地包了粽子，配了些红糖，给父亲补身体。祖母把粽子和红糖都送了进去，过了一会，她在屋外问父亲，是不是还要加点糖，就听父亲说：'够甜，够甜了！'等到祖母进去收拾碗碟的时候，看到父亲满嘴都黑乎乎的，原来他把砚台里的墨汁当红糖蘸着粽子给吃了！父亲就是这样全然忘我，一个字一个字地斟酌，一个字一个字地推敲才把《共产党宣言》译了出来。"三个多月后，陈望道带着翻译好的《共产党宣言》来到上海。正在校对印刷

时，他竟遇到了后来的人生挚友——毛泽东。毛泽东在这里第一次读到了《共产党宣言》。1936 年，毛泽东在延安同美国记者埃德加·斯诺感慨道："有三本书特别深地铭刻在我的心中，建立起我对马克思主义的信仰……这三本书是：《共产党宣言》，陈望道译，这是用中文出版的第一本马克思主义的书；《阶级斗争》，考茨基著；《社会主义史》，柯卡普著。"后来，刘少奇也曾回忆，"从这本书中（《共产党宣言》），我了解共产党是干什么的，是怎样的一个党，我准不准备献身于这个党所从事的事业，经过一段时间的深思熟虑，最后决定参加共产党，同时也准备献身于党的事业。"（《刘少奇传（上）》，中央文献出版社，2008）周恩来是在法国勤工俭学时读到《共产党宣言》的。在全国第一届文代会上，周恩来意味深长地说："陈望道先生，我们都是您教育出来的。"1992 年，邓小平在南巡时语重心长地对大家说："我的入门老师是《共产党宣言》和《共产主义 ABC》。"（《邓小平文选》第 3 卷，人民出版社，1993）在 20 世纪 20 年代，社会上涌动着各种思潮，自由主义、实用主义、国家主义、无政府主义、好人政府、联省自治……但却没有一本完整介绍马克思主义的书本。《共产党宣言》翻译出版，让无数革命青年找到了甜之信仰和信仰之甜。怀揣着甜甜的信仰，共产党人用自己的青春、热血、奉献、牺牲，带领全国各族人民进行了伟大革命和社会主义建设的探索。无数革命先辈，吃百般苦，受千般难，无怨无悔，甘之如饴，为共产党人的信仰绘就了基本底色。

　　1920 年 4 月底，陈望道应陈独秀之邀，到上海参加《新青年》杂志的编辑工作。陈望道主持《新青年》的编辑工作后，使它成为宣传马克思主义的重要阵地。1920 年 8 月，中国第一个"马克思主义研究会"（亦称共产主义小组）在上海正式成立。陈望道与陈独秀、李汉俊、李达等人是中国共产党最早的党员，为筹备一大做出了重要贡献。1952 年秋季，毛泽东主席亲自任命陈望道为复旦大学校长。此后，在中国共产党的领导下，他积极贯彻党的教育路线和各项方针政策，团结全校广大师生员工，为把复旦大学建设成为新型大学而鞠躬尽瘁，历时 25 年之久。他是复旦大学历史上任期最长的校长之一。在这里，他完成了凝聚了他一生心血的大著《修辞学发凡》，它是中国第一部系统的修辞学著作；此外，他积极主张语文改革，提倡新文字运动；发动"大众语运动"，促进了文学语言的大众化和大众语文学的发展。陈望道的这些研究，直接影响了现代汉语的模样。今天我们熟练地运用汉语交流、写作，却很难想到，当年正是如陈望道一样的一批学者，一砖一瓦地垒起了现代汉语的大厦。

正如陈望道先生的儿子陈振新所言，"我父亲一生都是忠实、坚定的马克思主义者。从 1920 年 3 月试译《共产党宣言》到 1977 年去世，无论是早期做党的工作，还是后来从事文化教育事业，他的共产主义信仰始终未变。"

人物简介：

陈望道，中共党员，1891年1月出生，浙江义乌人。他是《共产党宣言》中文全译本首译者，习近平总书记在讲述陈望道翻译《共产党宣言》的故事时，很深情又意味深长地讲："真理的味道非常甜。"他曾积极提倡新文化运动，曾任《新青年》编辑，1927年起在复旦大学任教。1949年之后，他积极支持文字改革和推广普通话工作，毕生从事文化教育和语文研究工作。1955年，他当选为中国科学院哲学社会科学学部委员，在哲学、伦理学、文艺理论、美学等领域有较深造诣。他建立了我国修辞学的科学体系，为我国语言学的现代化、规范化、科学化做出贡献。他主编《辞海》，著有《修辞学发凡》《文法简论》《标点之革新》等书。

知识链接：

《修辞学发凡》是中国第一部系统的修辞学巨著，作者陈望道先生，初版由大江书铺于1932年分上下两册正式出版。全书12篇，创立了中国第一个科学的修辞学体系，被学界奉为中国现代修辞学的奠基之作。

《修辞学发凡》把存在于汉语语文中的种种修辞方法、方式以及运用这些方法、方式的原理、原则加以系统的阐释，并且指明它的发展趋向。在阐释和说明中，引用了丰富、适切的白话和文言的例证。它对于系统地研究修辞学，对于古今作品的阅读理解、欣赏和练习写作，都有助益。

一是引例丰富。该书所引用的书约250部，单篇论文约170篇，方言、白话各种文体兼收并蓄。

二是归纳系统，阐释详明。该书在大量语言材料的基础上，系统而详尽地分析、归纳了汉语语文中种种修辞方式。在批判地继承前人成果的基础上，该书首先提出了"消极修辞"和"积极修辞"两大分野的理论，进而把积极修辞分为辞格、辞趣两种。辞格归纳为38格，每格又分若干式，全面概括了汉语语文中的修辞格式。

以笔为戟的抗日英雄

——邹韬奋

我以为挫折、磨难是锻炼意志、增强能力的好机会。

邹韬奋出生在一个落败的官宦家庭，祖父曾经做过知府，但是到父亲这一辈就已经家道中落。在邹韬奋小时候，父亲希望他能成为一名工程师，但是他却一心想做新闻记者。

在校期间，邹韬奋的空闲时间都泡在了图书馆，读的都是当时有名的报刊《时事新报》。当时，著名新闻工作者黄远生在《时事新报》上创建了一个板块"北京通讯"，这个板块深深地吸引了邹韬奋，他很是敬佩黄远生，盼望着自己今后也能做一名像黄远生那样的新闻工作者。但是，出于家庭条件的状况，邹韬奋被迫离开了学校。年轻的他不得不一边做工，一边求学。之后，他还是选择学习文科，进入了上海圣约翰大学，攻读西洋文学，继续追逐自己的梦想。

1921 年，邹韬奋大学毕业，辗转了多个职位，做过纱厂工人、公司的英文秘书和教师，但持续时间都不算长。在 1922 年，通过黄炎培，邹韬奋获得了中华职业教育社编辑主任的职务。从那时起，邹韬奋正式走上了编辑出版的辉煌之路。

1925 年，邹韬奋工作的中华职业教育社开办了《生活》周刊，成为了教育的园地。在《生活》周刊一周年之际，主编王志莘辞去了职务，而邹韬奋则接手了在当时还平平无奇的《生活》周刊。当时，《生活》周刊每期只印 2000 份左右，而且这份 4 开的小期刊内容较为单一，销量实在不好，邹韬奋接办时资金也不多，只有三个工作人员，还有一个是兼职。因稿酬过低，这份报刊很难从外面接稿。在这种艰难的情况下，邹韬奋只好不停地更换自己的笔名来发表文章。后来，在邹韬奋的带领下，《生活》周刊逐渐火爆起来，1927 年末就有了 2 万余份的销量。后来，邹韬奋于 1928 年辞去了自己的兼职，一心经营《生活》周刊。

在那样艰辛的环境中，邹韬奋把全部的热情都用在了《生活》周刊的改革和编辑上。经营《生活》周刊对他而言是最有乐趣、最能全力以赴奉献社会的伟业。

1931 年，"九一八"事变爆发。8 天后，邹韬奋在《生活》周刊写道："本周要闻是全国一致伤心悲痛的国难，记者忍痛执笔记述，盖不自知是血是泪。"从那时起，为了宣扬抗日，邹韬奋再也没有停下过手中的笔，《生活》周刊更是及时调整，迅速走在了宣传民族解放斗争的前沿。

"九一八"事变后，邹韬奋极力反抗国民党当局的不抵抗政策，他愤然将《生活》周刊转向全面抗日宣传。在他的笔墨中，不仅有军民齐抗战的新闻，又有对时事的分析，更是呼吁国民党当局立即停止内战、一致抗日。

在上海淞沪抗战中，《生活》周刊每日编发"紧急号外"，组织读者支援前线、发动捐款、征集物资、开办伤员医院等。在大声疾呼抗日救亡的同时，《生活》周刊还勇敢地揭露国民党政府的腐败现象，抨击国民党在抗战问题上的错误政策。1931 年 8 月，读者来信要求披露国民党政府交通部长王伯群贪污交通建筑款、造房纳妾的丑行。邹韬奋亲自调查了此事，并给王伯群新建的花园洋房拍了照片。王伯群得到风声后，派人携巨款找邹韬奋，企图"资助"邹韬奋和《生活》周刊，目的当然是要免登相关报道。邹韬奋断然拒绝了这笔交易，于 8 月 15 日在《生活》周刊上发表了读者来信、记者调查和照片，并斥责王伯群为"作贼心虚而自己丧尽人格者"。这一报道，得到了广大读者的支持和称赞。同年的 11 月 28 日，《生活》周刊第六卷第四十九期上发表了邹韬奋的文章《政府广播革命种子！》，指出国民党政府压制抗日言行就是"广播革命种子"，并警告说："民众为自卫及维护民族计，随时有爆发的机会，起来革命！"

在此之前，《生活》周刊以提倡个人教养和职业德行为基本内容，国民党当局上海市教育局表彰它"内容丰富，思想新颖"，而在它表示以时政为核心后，就逐渐为国民党政府所不满。之后就流出国民党当局迫令《生活》周刊停办的消息，但是，这些手段仍然不能遏制《生活》周刊影响的扩大。1932年，《生活》周刊的销售量超越了15万份，变成了当时发行量最大的刊物。也正是在这一年，它公开表示大力支持社会主义，发布了一系列宣扬社会主义的文稿。

1942年，周恩来总理得知国民党当局要通缉邹韬奋后，立刻通知八路军相关负责人，务必让邹韬奋在当地隐藏，务必要确保他的安全。在周恩来总理的指示下，通过中共地方组织的帮助，邹韬奋几经辗转，经上海进入了心念已久的苏北抗日根据地。

在苏北抗日根据地，邹韬奋看到我党领导的敌后军民的抗日爱国热情，深受感动。他在会见新华社记者时说："到根据地来是我平生最兴奋的事情。在这里我有两个印象，一是共产党在抗日民族统一战线中踏实而周全地保护各阶级的权益，使根据地的人民团结一致抵制侵略；二是民主政治的实现。根据地的人民广泛参与政治生活，热情拥护政府的情景，使我十多年来为民主政治而奔波的信念愈发地坚定了。"

在根据地时期，他不停地向党组织提交入党申请书，但党组织认识到他以民主人士的身份在国民党统治地区可能对革命事业更有利。

1944 年 7 月，邹韬奋再次表明心愿："我自愧能力薄弱，贡献微少。二十多年追随诸先进，努力于民族解放、民主政治和进步文化事业。竭尽愚钝，全力以赴。虽颠沛流离，甘之如饴。"死后"请中国共产党中央严格审查我的一生奋斗历史，如其合格，请追认入党"。24 日，邹韬奋在上海病逝。

1944 年 9 月 28 日，中共中央依据邹韬奋毕生愿望认定他为中国共产党正式党员。中共中央在致其家眷的电报中称他为"吾党的光辉"："韬奋先生二十余年为救国运动，为民主政治，为文化事业，奋斗不息，虽坐监流亡，决不屈于强暴，决不改变主张，直至最后一息，犹殷殷以祖国人民为念，其精神将长在人间，其著作将永垂不朽。"

人物简介：

　　邹韬奋（1895 年 11 月 5 日—1944 年 7 月 24 日），本名恩润，乳名荫书，曾用名李晋卿。祖籍江西余江县潢溪乡渡口村委会沙塘村，1895 年出生于福建永安。他是近代中国记者和出版家。

　　1922 年，他在黄炎培等创办的中华职业教育社任编辑部主任，开始从事教育和编辑工作，1926 年接任《生活》周刊主编，以犀利之笔，力主正义舆论，抨击黑暗势力。"九一八"事变后，邹韬奋在上海全身心投入抗日救亡运动。1935 年 12 月，他与沈钧儒、厉麟似等人组织成立了上海文化界救国会。1936 年 11 月，国民党为了扑灭国内的抗日烈火，逮捕了正在领导抗日救亡运动的救国会领导人沈钧儒、邹韬奋等七人，酿成七君子事件，遭到全国人民，包括宋庆龄、何香凝等社会名流的强烈反对。

　　邹韬奋出狱后辗转重庆、汉口、香港继续开展爱国救亡工作。1943 年他因患耳癌秘密返沪就医，第二年不幸逝世于上海医院（今上海市第二人民医院），终年 48 岁。

　　1956 年，上海市政府出资修复邹韬奋的故居，并在隔壁建立了韬

奋纪念馆。2009年，邹韬奋被评为"100位为新中国成立作出突出贡献的英雄模范"之一。

知识链接：

《生活》周刊是上海滩的一个著名报业品牌，其渊源可以追溯到20世纪初。1925年10月创刊于上海，由中华职业教育社主办。刊物初由王志莘任主编，以宣传职业教育为宗旨。1926年10月起由邹韬奋接任主编，邹韬奋没有任何党派背景，自称"以公正独立的精神，独来独往的态度，不受任何个人、团体的牵掣，尽心竭力"地去办《生活》周刊；《生活》周刊靠自力更生发展起来，站在"正义"和"大众"的立场上，不为任何党派"培植势力"。他主张该刊要成为读者的"好朋友"，选材要注重"有趣味有价值"，文风要"明显畅快"，先后开辟"读者信箱""小言论"等专栏；同时重视处理读者来信，征求读者意见，开展为读者服务的工作；基本内容仍为对青年进行"事业修养"教育，成为中国抗日战争前有影响的时事和青年修养刊物。"九一八"事变后刊物主要宣传抗日。1933年，《生活》周刊脱离中华职业教育社独立出版。邹韬奋被迫出国后由胡愈之、艾寒松负责编辑。同年12月，该刊被国民党当局查封。

1985年，上海青年报社敏锐感应到新时代的生活风向和文化风潮，经邹韬奋先生至亲首肯，恢复出版并改为《生活周刊》，这也是新中国历史上第一份生活类周报。

"真诚地为生活着的人们服务"，这是著名报人邹韬奋先生八十余年前确立的《生活》周刊办报宗旨。1985年1月6日，复刊后的《生活周刊》作为全国第一份生活类周报，直面生活，关注民生，曾以"现代冲击波""大特写""有情人"等特色栏目风行一时，一度创下高达30万份的发行量，直面生活，关注民生，引领潮流，深深影响了几代读者的生活轨迹，成为时代生活的一个醒目的风向标。

一生为桥的筑桥者

——茅以升

党是建国的总工程师，我们参加建国的工程师，都要永远跟着总工程师走。

"人的一生，不知要走过多少桥，在桥上跨过多少山和水，欣赏过多少桥的山光水色，领略过多少桥的诗情画意。无论在政治、经济、科学、文艺等各方面都可以看到各式各样的桥梁作用。"这是茅以升先生在《桥话》中所描绘的桥，而他的一生，也是与桥结缘、筑桥为桥的一生。

茅以升与桥的缘分，结于少年，据他在《学生时代》回忆："那年秦淮河上闹龙舟，文德桥上看客拥挤，桥压塌了，砸死、淹死不少人。"那时的他，

想为家乡父老建一座坚固的石桥；升入中学，当他听闻詹天佑建出第一条中国自主设计、施工的京张铁路时，他也想为国家建设一座新型大桥；再后来，他经受革命热潮洗礼，亲耳聆听孙中山先生"非铁道无以立国"的演说，这在他心里播下科学救国的种子。那时的他，想为国家建一座救国之桥。

为了筑起心中的一座座桥，茅以升大学期间勤奋求学，仅整理的笔记就多达 200 余本，近千万字，各科成绩平均分 92.5 分，创造学校成绩历史最高纪录；1916 年，他从唐山工业专门学校毕业后，参加清华学堂（清华大学前身）留美官费研究生考试，以第一名被录取，留学美国；1917 年，仅用一年时间他便获得美国康奈尔大学硕士学位（桥梁专业）；半工半读期间，于 1919 年，他获美国卡耐基理工学院（现为卡内基梅隆大学）博士学位，是该校的第一位工科博士。他的博士论文《桥梁桁架之次应力》中的杰出理论，被称为"茅氏定律"，他也因此获得康奈尔大学"斐蒂士"金质研究奖章。

读书不忘忧国，怀着对祖国的热爱，学有所成的茅以升回国发展。纵观他的一生，在筑桥、教育、科普、团结等多个领域，搭建起一座座桥梁。

他热爱祖国的路桥事业。1933 年，他担任钱塘江大桥桥工处处长，负责大桥筹建工作。杭州民间有俗语"钱塘江造桥"，用来形容不可能成功的事情。钱塘江水文条件复杂多变，江底流沙厚达 41 米，民间素有"钱塘江无底"之说。自然条件不乐观，现实情况也颇为艰难。没有自己的技术团队，建桥经费吃紧，工期紧张，国际形势变幻莫测。茅以升与罗英通过 6 个设计方案的比较，最终决定建设一座双层联合桥，这样的设计在当时的中国还是首例。这个设计通过"上下并进"的施工方案，打破常规，缩短工期，改进"射水法"解决打桩难题，发明"沉箱法"克服架设桥墩困难，利用"浮运法"快速架设钢梁，整个工程多用技术创新，解决了 80 多项技术难题。1937 年 9 月 26 日，钱塘江大桥顺利通车，为抗战做出贡献。由于日军入侵，仅仅 89 天之后，茅以升亲手炸毁钱塘江大桥。悲愤的他写下了"抗战必胜，此桥必复，立此誓言，以待将来"的誓言。1952 年，他修复大桥，兑现了自己"此桥必复"的诺言。中华人民共和国成立后，茅以升作为技术顾问委员会主任委员，解决了武汉长江大桥建设中的 14 个技术难题。人民大会堂的建设过程中，茅以升作为结构组组长审查鉴定建筑方案，周总理亲自审阅报告书，表示要以茅以升的签字审核为准。

　　他热爱祖国的教育事业。自 1920 年学成归国的近 30 年间，他陆续担任唐山工业专门学校教授兼副主任、国立东南大学教授兼工科主任、河海工科大学教授兼校长、北洋大学教授兼院长、国立交通大学唐山工程学院教授兼院长、北方交通大学校长等职务，致力于为国家培养工程技术人

才。在教学中，他形成独特的教学方法，以"学生考先生"的方式，提升学生学习兴趣，鼓励学生独立思考，达到"教学相长"。在多年的教育实践中，他也逐渐形成一套独特的"习而学"的工科教育思想。不在教育领域时，他依旧心系人才培养与储备工作。钱塘江大桥建设期间，他吸收刚毕业的大学生参与筑桥工作，同时主动联系工科院校，邀请大三学生前来实习。抗战时期，他成立中国桥梁公司，安置桥梁技术人员，选派优秀人才赴美学习。他的种种深谋远虑，皆为国家未来建设积聚有生力量。

他热爱祖国的科普事业。他说："在急流险滩上架起一座科普之桥，也可以更好地沟通专业科学技术队伍与群众的联系，使一批热爱科学的人，从不甚发达的此岸到达四个现代化的彼岸。"作为中华全国科学技术普及协会副主席，他注重科学技术推广的同时，还写了大量科普文章。中华人民共和国成立后，他在各类报刊杂志发表文章 200 余篇，其中科普性质的文章占三分之一。《中国石拱桥》被选入中学课本，《没有不能造的桥》获得全国新长征优秀科普作品一等奖。80 多岁高龄时，他仍频频开设科普讲座，仅 1978 年至 1981 年，就先后做报告 30 余场，听众达 6 万余人。中国科普创作协会给茅以升的致敬信中写道："你的爱国热忱使我们深受教育，你的优秀作品是我们学习的榜样，你的杰出贡献将载入我国科普史册。"

他支持祖国的团结统一大业。1949 年解放上海时，茅以升运用自己的社会力量，保护被关押在龙华监狱的 300 多名爱国学生，阻止国民党军队炸毁上海的公用设施。在上海举行建党 28 周年庆祝大会上，茅以升深情发言："党是建国的总工程师，我们参加建国的工程师，都要永远跟着总工程师走。"1956 年，周恩来总理发起成立"留美学生亲属联谊会"，茅以升担任会长。他响应党的号召，动员在美专家学者回国服务，经过不懈努力，有四五十位学者先后回国效力。1979 年，茅以升率领中国科协代表团访美，在匹兹堡华人协会欢迎会上，他说："我们准备架起一座桥梁，一头是中国的科学技术界，一头是美国科学技术界的中国同胞，我们愿意搭这样一座桥梁，让各位在桥上走过。"他的学生林同炎教授受他影响，多次回国访问、讲学，还向国家 7 次上书，建议开发上海浦东。 1981 年，茅以升在《人民日报》上呼吁，希望海峡两岸的科技工作者可以有所作为，先修建一座"引桥"，希望促进祖国和平统一大桥早日建成。

1987 年 10 月 12 日，92 岁的茅以升如愿加入中国共产党。他在入党申请书中写道："我已年逾九十，能为党工作之日日短，而要求入党之殷切期望与日俱增。我是继续在党外，还是加入党？怎样对党有利、对国家和人民有利，我就应当怎样做，这是大局。而为共产主义奋斗终生，这是我终生志愿。"

茅以升曾说："人生一征途耳，其长百年，我已走过十之七八，回首前尘，历历在目，崎岖多于平坦，忽深谷，忽洪涛，幸赖桥梁以渡，桥何名欤？曰奋斗。"他的一生，是以爱国为锚，以奋斗为桥的一生。正如陆定一所言，茅以升是广大"爱国知识分子的楷模"。

人物简介：

茅以升（1896—1989），字唐臣，江苏镇江人。土木工程学家、桥梁专家、教育家、社会活动家。中国科学院院士，美国国家工程科学院外籍院士，中央研究院院士。中国人民政治协商会议第一届全体会议代表，第二届至第六届全国政协委员，第六届全国政协副主席，第一届至第六届全国人大常委会委员。1958年起任九三学社中央副主席，1987年后任九三学社中央名誉主席。茅以升主持中国铁道科学研究院工作30余年，为铁道科学技术进步做出了卓越的贡献。他是积极倡导土力学学科在工程中应用的开拓者。

知识链接：

茅以升不仅是一位桥梁学家，也是一位文学家、科普作家。他写下百余篇科普作品，语言生动形象，道理深刻却通俗易懂，充满想象力与预见性。《启宏图，天堑变通途》《桥梁远景图》《洛阳桥与江东桥》《天津的开合桥》《联合桥》《名桥谈往》《桥名谈往》《桥话》《桥梁和桥梁技术》等，都是关于桥梁的著名科普作品。其中，《中国石拱桥》于1964年入选

中学课本；《没有不能造的桥》获 1981 年全国新长征优秀科普作品一等奖；《五桥颂——泸定桥、卢沟桥、安平桥、安济桥、永通桥》《中国的古桥与新桥》介绍了中国桥梁的发展；他主编的《中国古桥技术史》填补了中国桥梁史的空白，于 1987 年获中国图书荣誉奖；他主持撰写的《从赵州桥到南京长江大桥》畅销海外；他与老友通过遍阅《全唐诗》《全宋词》《元曲选》，从中挑出描写桥梁、歌颂桥梁、与桥有关的诗词典故，出版《桥话》，可谓关于桥梁的文学鉴赏辞典。

毛主席评价说："你写的《桥话》我都看了，写得很好！你不但是科学家，还是文学家呢！"

为真理而献身

——夏明翰

砍头不要紧，只要主义真。

"人是要有一点精神的"，这是毛泽东在党的八届二中全会上的一句至理名言。"杀身成仁，舍生取义"是一种精神，"富贵不能淫，贫贱不能移，威武不能屈"是一种精神，"抚剑独行游，慷慨赴国难"也是一种精神。精神是一种坚定的信仰、一种顽强的斗志、一种高尚的情操、一种积极的人生态度，可以说精神的力量是无穷的。在中华人民共和国成立之前，中国的广大人民一直处于封建统治者、军阀势力和西方列强的轮番压迫之下，为了将中国人民从沉重的苦难中解救出来，无数仁人志士为了革命奉献出了自己的生命，也留下了一个个可歌可泣的故事。有个英雄，他在牺牲前凛然不惧，满腔正气地留下一首绝命诗，这就是如今人人都会背的《就义诗》。夏明翰正是靠着这种精神，无私无畏、不屈不挠地战斗在敌人的白色恐怖中，为革命事业奉献出了自己宝贵的生命。

就义诗

——夏明翰

砍头不要紧，只要主义真。

杀了夏明翰，还有后来人！

一、封建家庭的叛逆子弟

"儿女不见妈妈两鬓白，但相信你会看到我们举过的红旗飘扬在祖国的蓝天！"这盛世，如您所愿！现在，祖国发展实现了为革命奉献出宝贵生命的夏明翰烈士的誓言，也让我们再一次近距离地了解他在激情燃烧的革命战争年代所走过的青春岁月。

1900年，夏明翰出生在湖北秭归一个封建大家庭里，祖父夏时济中过

进士，任过（清）户部主事，外祖父是清末翰林，曾任国史馆秘书。夏明翰的父亲夏绍范被光绪皇帝钦加三品职衔，署理秭归知州，母亲陈云凤被赐封为诰命夫人。祖父为他取名明翰，号桂根，希望他走科举之路，加官进爵，光宗耀祖。

然而，年幼的夏明翰不喜欢独自呆在爷爷书房里背诵索然无味的"四书五经"；他喜欢做的事是同邻居的穷孩子们到河边去捉螃蟹，到山上去捕野物，或者听老人讲民间故事。

作为封建官僚家庭的一员，夏明翰走上革命道路与他的母亲陈云凤的教育密不可分，他出生时恰逢乱世，军阀混战、群雄割据、各地政府藏污纳垢、腐败无能，老百姓过着水深火热的日子。而另一边，帝国主义列强则对中国虎视眈眈。

中国内忧外患、满目疮痍。在母亲的引导下，亲历其中的夏明翰从小就立志报效国家，救百姓于水火之中，为此他甚至不惜与家庭决裂，投身于共产主义事业。

二、爱国奋斗的先进青年

1919年，五四运动爆发后，正在湖南省立第三甲种工业学校读书的夏明翰响应湖南学联号召，发动罢课，推动罢市，声援北京学生的反帝反封建的爱国斗争。

同年7月，衡阳掀起了查封日货运动。夏明翰首先发动自己的弟弟、妹妹把祖父藏在夹墙中的日货都搜出来烧掉。然后，他率领爱国学生上街查禁日货。当时衡阳的南正街是有名的"日货一条街"，当夏明翰带领湘南学生联合会的学生来到街上的泰和商行时，商行的张老板吓得连忙躲入店中的柜子里。夏明翰很快发现了露在柜子外的衣服一角，于是大喊："这个柜子里也是日货，把这个柜子也抬走烧掉吧。"张老板闻声惊慌不已，连忙呼喊自己的姨太太把自己放出来。

衡阳当地富绅纷纷登门告状，夏时济令夏明翰跪下反思。夏明翰不仅不跪，还反驳道："谁甘心为奴，谁就是犯罪。"夏时济当场被气昏，醒来后，差人将夏明翰关入小屋，称"一日不悔过，不准见天日，如果再不老实，就把他沉潭"。

那一年，夏明翰刚 20 岁。

三、革命家庭的斗争先锋

夏明翰的进步思想和革命热情深深影响着他的弟弟、妹妹，小时候的他们就了解下层群众的疾苦，长大后纷纷投身革命。在轰轰烈烈的革命高潮里，他的弟弟夏明震、夏明霹和妹妹夏明衡都投入到农运中来。他们深入农村发动群众，使衡阳的农民运动成为湖南农运开展得最好的地区之一。

在血雨腥风的年代，这几位年轻人冒着生命危险战斗在第一线，1928年 2 月 22 日，夏明翰的五弟、参与领导湘南起义的夏明震在郴州反革命暴乱中牺牲，年仅 21 岁。当月 28 日，在衡北等地从事地下游击斗争的七弟夏明霹在衡阳被反革命武装逮捕，敌人割掉他的脚后跟、用铁丝穿过他的

手心。他仍高呼"共产党万岁！"，痛骂敌人不止，牺牲时年仅 18 岁；3 月 20 日夏明翰英勇就义；6 月，他的四妹、中共湘南特委委员、湘南妇女运动领袖夏明衡在长沙被国民党反动派抓捕，从容就义，年仅 26 岁。

1930 年，夏明翰的亲外甥邬依庄在红军某部任指导员，在执行任务中不幸牺牲，年仅 19 岁。

四、坚定坚决的理想信念

1928 年 3 月 18 日，由于叛徒的出卖，夏明翰在武汉被捕。敌人对他施以各种酷刑，逼他交待出党组织信息，最终毫无所得。又一次审讯开始了，夏明翰镇定自若地走进来，昂首对着那个恶煞般的主审官怒目而视。

审讯室内，敌人的审问开始了。

"你姓什么？"

"姓冬。"

"你明明姓夏，为什么说姓冬！简直是胡说！"

"我是按国民党的逻辑讲话的。你们的逻辑是颠倒黑白、混淆是非，你们把杀人说成慈悲，把卖国说成爱国。我也用你们的逻辑，把姓'夏'说成姓'冬'，这叫以毒攻毒。"

"你多大年岁？"

"我是共产党，共产党万万岁！"

"你老家在哪儿？"

"革命者四海为家！"敌人被弄得慌了手脚，又问："你信仰什么？""共产党人不信神，不信鬼，信仰马克思主义！"敌人企图从夏明翰口里得到一点情报的梦想破灭了。

主审官又问了几个问题，可是什么都问不出来。反动派在夏明翰身上连半根稻草都没捞到，失去了希望，只得使出了最后一招儿，宣布"就地处决"。

农历二月二十九日（阳历3月20日）清晨，白色恐怖笼罩江城，夏明翰同志告别狱中难友，从容不迫地走向刑场。夏明翰泰然自若，连声高呼革命口号，接着又高唱起《国际歌》。周围的群众都感动得流下眼泪，反动派在这凛然正气的震慑下胆战心惊。

刑场上，夏明翰昂首挺立，深情地望着祖国大地、望着他熟悉的、印满他战斗足迹的武汉三镇。执刑官走过来问他还有什么话要讲。夏明翰大声说："有！给我纸和笔！"他用戴着手铐的手，饱蘸着浓墨，不，饱蘸着自己满腔热血，在雪白的纸上写下了"砍头不要紧，只要主义真，杀了夏明翰，还有后来人！"这首正气凛然的就义诗。写完后，他大声念了一遍，把笔往地上用力一抛。

他厉声喝道："开枪吧！"

枪声响了。党的好战士，人民的好儿子夏明翰同志为革命英勇地献出了宝贵生命。

司马迁在《史记》中写道："人固有一死，或重于泰山，或轻于鸿毛。"《钢

铁是怎样炼成的》一书中的主人公保尔·柯察金也有句名言："人最宝贵的是生命，生命对于每个人只有一次，人的一生应当这样度过：当他回首往事的时候，不会因虚度年华而悔恨，不会因为碌碌无为而羞愧。"

毫无疑问，夏明翰的牺牲是重于泰山的。他把"整个生命和全部精力"都献给了"世界上最壮丽的事业——人类的解放事业"。他抛头颅、洒热血，用生命和鲜血捍卫着中国这片古老的土地。他不屈不挠、顽强拼搏的革命精神，更是影响和改变了无数人。让我们带着一颗崇敬的心，去追寻他的战斗足迹，去聆听他气壮山河的战斗诗篇，去感受一个坚定的共产主义战士的铮铮铁骨，去缅怀一位杰出的无产阶级革命家的英烈忠魂。

人物简介：

　　夏明翰（1900—1928），字桂根，湖南省衡阳县人，出生在湖北秭归，12岁随全家回乡。1917年，出身豪绅家庭的夏明翰违背祖父心愿报考新式学校。1919年在衡阳参加学生爱国运动。1924年任中共湖南省委委员，并负责农委工作。1925年兼任湖南省委组织部部长、农民部部长和长沙地委书记，极力主张武装农民。1927年春，任全国农民协会秘书长兼武汉中央农民运动讲习所秘书。同年6月，调回湖南，任中共湖南省委委员兼组织部部长。中共八七会议后，在湖南积极参加组织秋收起义。同年10月，兼任平（江）浏（阳）特委书记。1928年初，调任中共湖北省委常委。同年2月，在汉口被敌人逮捕。1928年3月20日（农历2月29日），夏明翰在武汉汉口余记里被杀，时年28岁。夏明翰是无产阶级革命家、革命烈士。2009年被评为"100位为新中国成立作出突出贡献的英雄模范人物"。

知识链接：

　　近代以来，帝国主义列强的侵略使中国逐步沦为半殖民地半封建社会

国家，帝国主义和中华民族的矛盾成为近代中国社会的主要矛盾之一。1919 年 1 月，第一次世界大战战胜国在法国巴黎召开和会，把持和会的英、法、美等列强无视中国也是战胜国之一，不顾中国民众呼声，竟然决定将战败国德国在中国山东的权益转让给日本。在巴黎和会中，中国政府的外交失败，激起了中国民众的强烈不满，从而引发了五四运动。

精忠抗日的爱国英雄

——马本斋

风云多变山河愁，雁叫霜天又一秋。
男儿空有凌云志，不尽苍江付东流。

马本斋，回族，1901年出生于河北沧州献县，原名马守清，伟大的抗日民族英雄，是赫赫有名的八路军冀中军区回族支队的创建者。

马本斋幼时家境贫寒，生活条件十分艰苦，庆幸的是，马本斋有一位善良、正义的母亲。幼时，马本斋母亲经常给孩子们讲述苏武牧羊、岳母刺字等故事，虽然家境清贫，但乡邻友善，互帮互助，这些在马本斋心中留下了深刻的印象。

马本斋十岁时，家里省吃俭用送他入私塾读书，后因家庭实在困难，他不得已随父亲走西口谋出路，十九岁投身东北军。在东北军中，马本斋因表现出色被选入东北讲武堂学习，这使得他学习、掌握了较为系统的军事知识和技能，并被拔擢为团长。军阀部队军纪多松散，而马本斋却始终严格治军，禁止骚扰百姓，谨遵其母"为民除害，为国造福"的嘱托。

1931 年九一八事变后，大好河山被日寇铁蹄践踏，东北赤地千里，生灵涂炭。奉蒋介石不抵抗密令，东北军一枪不发撤入关内。不久，马本斋所在部队被调往南方"围剿共匪"。面对山河沦陷、民不聊生、同室操戈的现状，马本斋义愤填膺，主动请缨抗击日寇，不料却遭上司严厉训斥。马本斋心痛不已，遂毅然弃官还乡。

1937 年 7 月 7 日，卢沟桥事变爆发，平津很快沦陷，而后日寇大举进犯华北，长驱南侵。烽火连天，哀鸿遍野，日寇所到之处，烧杀抢掠，无恶不作，马本斋悲怒愤慨，旋即在家乡拉起一支队伍，组成了"回民抗日义勇队"，高高举起抗日大旗。

1938 年初，几经周折后，马本斋和党组织取得了联系，率队参加了河北游击军，编在冀中回民教导队。中国共产党的新气象和八路军抗击日寇的英勇顽强让马本斋印象深刻，他积极向党

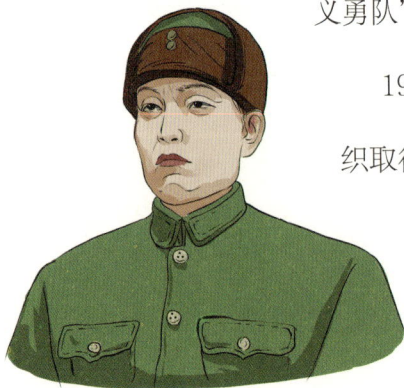

组织靠拢，同年 10 月，成为了一名光荣的中共党员。

而后，他历任回民教导队队长、总队长、八路军第三纵队回民支队司令员，冀鲁豫军区第三军分区司令员兼回民支队司令员。在他的率领下，冀中回民支队不断发展壮大，战斗力不断增强，成了能征善战的精锐部队，打遍了冀中平原，并转战于冀鲁豫各地，在艰苦卓绝的抗战初期给予日寇以坚决顽强的打击，创造了辉煌的战绩。1939 年日寇对华北各地进行残酷的大扫荡，马本斋率领回民支队在河间、青县、沧县地区转战，广泛开展敌后游击战争。在日寇对冀中根据地扫荡的战斗中，马本斋率部与八路军主力部队和贺龙、关向应率领的 120 师协同配合、积极战斗，沉重地打击了敌人的嚣张气焰。由于马本斋指挥有功、战果显著，八路军冀中军区称回民支队为"攻无不克、无坚不摧、打不垮、拖不烂的铁军"。

马本斋的威名令敌人闻风丧胆，又惧又恨。为了招降而后消灭马本斋，企图逼降素有孝子之名的马本斋，敌人以马本斋母亲为诱饵，诱使马本斋率部来救，以乘机消灭回民支队。日本侵略军用种种手段，逼迫马本斋母亲给马本斋写劝降信，但马本斋母亲宁死不屈、义正辞严地痛斥日寇罪行，并以绝食的方式进行刚烈抗争，绝食七日，壮烈殉国。得知母亲牺牲的噩耗，马本斋强忍悲痛写道："伟大母亲虽死犹生，儿承母志，继续斗争！"并坚定地说道："祖国就是我的家，党就是我的母亲，为了他们，我决心献出我的一切！"

从 1942 年春季开始，敌人频繁在回民支队活动的建国、交河、献县一

带"清乡""扫荡"。斗争形势越来越残酷，在艰苦的环境下，马本斋积极调整斗争策略，避免大部队作战，改为打伏击、拔据点、袭辎重，顽强地与敌战斗。同年五月，日寇纠集了5万兵力，在华北派遣军司令官冈村宁次的指挥下，对冀中根据地进行空前规模的残酷大"扫荡"，马本斋采取精悍、灵活的战术，策应穿插，突破包围，成功粉碎了敌人的阴谋，胜利转移。

而后，马本斋率部挺进鲁西北，肩负起保卫、巩固、发展鲁西北根据地的光荣而艰巨的任务。正是抗战时期，敌人在根据地不断进行残酷扫荡，并进行"治安强化运动"和"囚笼政策"，妄图消灭抗日根据地的武装力量。马本斋则以日伪军为突破口，将其各个击溃，又打通了敌人割裂的根据地，将根据地连成一片，实现了战略上的胜利。在这里，马本斋之名威震敌胆，是名副其实的赫赫战将。

1942年4月，马本斋率部参加了陈庄歼灭战，后奉命率部转战鲁西北抗日根据地。1943年秋，他又奉命调到范县、观城一带，组织了新的第三分区粉碎了敌人的秋季扫荡。同年11月，他又率部参加了八公桥战斗，被冀鲁豫区党委书记黄敬盛赞"后起的天下军事家"。1944年初，日寇如秋后之蜘虫，败势已定，回民支队奉命调往陕甘宁边区。不幸的是，在抗日战争中，残酷的斗争让马本斋积劳成疾，没能看到抗战胜利。1944年2月7日，时年43岁的马本斋身患重病，弥留之际，仍不忘抗日，他叮嘱身边同志："让部队等着我！我不行了，把我的家属送到延安去，告诉三弟抗战到底！"。

回民支队得知司令员病逝的消息，悲痛无比，无不落泪。1944 年 3 月 17 日，中共中央在延安为他举行了隆重的追悼大会，缅怀其精忠赤心、赫赫战功。毛泽东、周恩来、朱德为他赠送了挽联。吴玉章在悼词中称赞他是优秀的共产党员、模范军人和民族英雄。毛主席悲痛地写下了"马本斋同志不死"，周恩来怆然题词"民族英雄，吾党战士"，朱德总司令哀婉题写"壮志难移，汉回各族模范；大节不死，母子两代英雄。"杨得志司令员说："马本斋的死，比泰山还重。他像莽莽昆仑巍然屹立；他像滚滚江河奔流不息，他是我党我军的骄傲。"

"沙场竟殒命，壮志也无违！"马本斋用其生命，彰显了精忠报国、抗日救国、为民为国的英雄本色。

新中国成立后，为了表彰马本斋烈士的功勋，党中央决定将马本斋的家乡——河北省献县东辛庄，命名为"本斋回族自治乡"，并建成了马本斋纪念馆、马本斋母子烈士陵园，供后人瞻仰凭吊。

马本斋烈士既是回族同胞的光荣，也是中华民族的光荣，更是祖国母亲的骄傲，正如毛主席所言"马本斋不死"！

2009 年 9 月，马本斋被中央宣传部、中央组织部等 11 个部门评选为"100 位为新中国成立作出突出贡献的英雄模范人物"。

人物简介：

马本斋（1901年—1944年2月7日），男，回族，河北沧州献县人，是八路军回民支队的创建者，著名抗日民族英雄。马本斋能征善战，率领回民支队转战河北，威震山东，沉重地打击了日寇的嚣张气焰，被毛泽东同志称为"百战百胜的回民支队"。1944年前往延安途中，不幸病逝。

知识链接：

民族英雄马本斋烈士纪念馆位于河北献县本斋村北，占地6000平方米。纪念馆主体分为9部分，分别展示了马本斋烈士的生平事迹。

第一部分：苦难童年。马本斋出生时，正值中国沦为半殖民地半封建社会的时代，帝国主义肆意侵略。马本斋家境贫寒，他10岁入私塾读书，聪明伶俐，好学上进。为了生存，他辍学随父到张家口、内蒙古等地谋生，流离失所、辗转颠簸、饥寒交迫、受尽凌辱。

第二部分：上下求索。这部分展示青年马本斋投军入伍，但他对军阀连年混战，百姓生灵无辜遭受涂炭十分不满，对官场的荒淫无耻、尔虞我诈更是切齿痛恨。1935年，苦闷中的马本斋愤然解甲，回到故土——东辛庄。

第三部分：奔向光明。1937年七七事变爆发，日寇大举进犯华北。面对亡国灭家的危险，马本斋拒绝了一些土匪的诱惑、胁迫，他振臂一呼，揭竿而起，打出了抗日义勇军的大旗，参加了孟庆山领导的河北游击军——冀中回民教导队。

第四部分：千里驰骋。面对日军企图封锁、分割我抗日根据地的严峻形势，马本斋率回民支队千里驰骋，打出了军威，被冀中军区誉为"打不垮、拖不烂、攻无不克的铁军"，毛泽东同志也欣然命笔，称回民支队是"百战百胜的回民支队"。

第五部分：母子英雄。1941年以后，马本斋率回民支队战斗在建国县，与日军驻河间联队长山本展开了激烈的斗争。马本斋的母亲白文冠被捕，她面对威逼利诱，大义凛然，英勇斗争，最后绝食殉国。

第六部分：冀中血战。1942年，冀中抗日环境急剧恶化。马本斋在极端困难的情况下，率领队伍英勇奋战，胜利转移到冀鲁边区。

第七部分：威震山东。这部分展示的是自1942年9月，回民支队奉命开赴鲁西北，担负起了保卫、巩固和发展鲁西北抗日根据地的艰巨任务。

第八部分：以身殉国。在这一部分，我们可以了解到1944年2月，回民支队开赴陕甘宁边区，保卫延安、保卫党中央、保卫毛主席。马本斋一生最大的愿望就是见到毛主席、朱总司令。他最终没有实现自己的愿望，带着遗憾、带着向往、长眠于鲁西北的大地上……

第九部分：永远活在人们心中。马本斋同志虽然离去了，但他伟大的献身精神，正在教育和激励着一代又一代人的成长。在建设有中国特色的社会主义征途中，全国各族人民十分珍视马本斋同志的精神遗产，深切缅怀革命先烈为了人民的解放而立下的丰功伟绩，更加坚定把社会主义事业进行到底的必胜信念。

中国航天之父

——钱学森

> 我的事业在中国，我的成就在中国，我的归宿在中国。

大约 100 多年前的 20 世纪，浙江省杭州一带的钱氏家族，在社会上颇具声望及地位。钱氏家族一直秉承家训"进贤使能则国强，光学育才则国盛"。在此影响下，钱氏家族满门才俊，人才济济，其中就有一位为我们熟知的、德高望重的科学巨匠——钱学森。

钱学森的父亲是著名的教育学家钱均夫，他为了"兴教救国"的抱负，年轻时曾和鲁迅、蒋百里等人一起东渡日本，学习教育学，后曾在原民国政府教育部任职多年，并曾任浙江省教育厅厅长。钱学森是钱均夫的独子，他1911年出生于上海，父亲非常重视对他的教育，所以并没有像其他人家一样把他送到私塾学习，而是让他从小接受现代化教育。钱学森3岁多时就来到了北京，随后分别在北师大附小、师大附中接受了良好的教育。

钱学森从小就被誉为神童和天才，而且是全才，中学毕业时，各科老师都希望他能在相关学科继续深造，母亲也希望他像父亲一样，学习教育学。然而，当时的中国内忧外患，这些国情直接影响了钱学森的志向，他从心底渴望成为一名科学家。因此，在与父亲商议后，父子俩一致认为科学才是救国的利器，实业救国才是王道。于是，1929年，钱学森考入了当时最好的工科学校——交通大学，就读于交通大学上海学校机械工程学院铁道工程系。

大学期间，作为"学神"级的人物，钱学森依旧做到了门门功课90分以上，要知道，这在当年的交通大学，着实不容易。而且，他为人诚信、实事求是。当时有一门水力学课程的考试，任课老师金悫教授已经在试卷上全都打上了对号，并给他满分100分，然而钱学森在拿到发下来的试卷后，

自己却发现了一个小错：有一道题在公式推导的最后一步，将"Ns"写成了"N"。于是，钱学森立即举手发言指出自己的错误，主动要求老师扣分。金教授一看，果然这个小错被忽略了。最后，他扣掉 4 分，给了钱学森 96 分。因为这个小插曲，这份考卷后来留在了金教授那里，并完好无损地保存下来，直到 1980 年钱学森回母校拜会金教授时，这位耄耋老教授才找出这份考卷。如今，这份考卷的故事依然在西安交通大学西迁纪念馆里为人们津津乐道，鼓舞、激励着后世学子。

1934 年，钱学森从国立交通大学毕业，同年 6 月考取了清华大学第七届庚款留美学生。1935 年 9 月，钱学森进入美国麻省理工学院航空系学习，从此也开启了他 20 年的异国他乡生涯。当时的钱学森并未曾想到，为了回到祖国母亲的怀抱，自己之后会经历那样艰难的岁月。

在美国的钱学森，从麻省理工学院再到加州理工学院，一直被认为是天赋异禀的奇才，是世界著名的大科学家冯·卡门最重视的学生。钱学森在二十八岁时就成为世界知名的空气动力学家，并于 1947 年开始任麻省理工学院教授，也是在这一年，钱学森迎娶了夫人蒋英。

1949 年，当新中国成立的消息辗转传入美国，钱学森及蒋英夫妇激动不已，他们觉得这时候的祖国需要科学人才，于是夫妇俩商量着要回到祖国，为祖国母亲效力。1950 年，当钱学森夫妇为回国努力的时候，却遭到美方的重重阻挠，以致于直到 5 年后，钱学森一家才得以踏上祖国的土地。

在 1950 年的美国，正值麦卡锡主义盛行的年代，他们本就怀疑钱学森是中共地下党，这个时候又正好赶上钱学森提出要回国，于是美方对钱学森采取了一系列的强硬手段，禁止他参加任何机密研究。美方除了在工作上打压他，还冲进家中带走钱学森把他拘留起来。钱学森迅速地消瘦，被折磨得苍白憔悴，嗓子也几近失声，一直到拘留两周后，加州理工学院上交了高达1.5万美金的巨额保释金后，美方才释放了钱学森。然而，出狱后的钱学森，生活还是异常艰难，按照美方的要求，钱学森需要经常到移民局报到，不仅行动受限，连日常生活也受人监视。美方一方面怀疑钱学森是中共地下党，想要将他驱逐出境，另一方面又觉得他掌握了太多核心科技机密，不想让他离境。这种处境，让钱学森一家备受煎熬。美方虽然没有拘留钱学森一家，但是种种行为却是对他们一家实实在在的软禁，让人觉得屈辱。

事情的转机出现在1955年的一天，钱学森夫妻俩无意中看到了一张天安门城楼上的照片，钱学森在照片上认出了父亲的昔日好友、时任全国人大常委会副委员长的陈叔通同志。钱学森灵光乍现，想到了何不向祖国的中央高层领导求助，然而，如何躲过美方的重重监视呢？夫妻俩想到的办法如同电视剧中地下党接头一样精彩，蒋英在信封上模仿孩子的笔迹写字，然后，为了进一步迷惑监视人员，夫妻俩跑到了离家较远的一个超市，趁人不备将信丢入了邮筒。于是，这封信先是到达蒋英在比利时的妹妹蒋华手中，然后又被蒋华从比利时寄给国内钱学森的父亲钱均夫，几经辗转以后，这封信终于送到了陈叔通的手上，并立即被送到了中南海周恩来总理的手中。

钱学森在信上这样写道："……被美国政府拘禁，今已五年，无一日一时一刻不思归国参加伟大的建设……"。周恩来总理读信后指示立刻把信送到日内瓦会谈。当时正在举行日内瓦中美大使级会谈，中方代表王炳南代表中方正式与美方谈判钱学森一家的归国事宜。经过周恩来总理及中方代表的不懈努力，中方甚至以释放 11 名在朝鲜战争中俘获的美军飞行员为交换，1955 年 8 月 4 日，钱学森终于收到了美国移民局允许他回国的通知。1955 年 9 月 17 日，钱学森携妻子蒋英及一双儿女，踏上了回国之路。一路上，虽然一家人为可能遭到的迫害提心吊胆，但是经过二十多天的海上颠簸，1955 年 10 月 8 日，钱学森一家终于回到了自己魂牵梦绕的祖国，回到了阔别 20 年的故乡。

回国后的钱学森，将全部的精力和能力贡献在了事业和工作上，取得了举世瞩目的成绩，为新中国做出了巨大的贡献。他是世界著名的科学家、空气动力学家、中国载人航天奠基人、中国科学院及中国工程院院士、中国两弹一星功勋奖章获得者，被誉为"中国航天之父""中国导弹之父""中国自动化控制之父"和"火箭之王"。由于钱学森回国效力，中国导弹、原子弹的发射向前推进了至少 20 年。

钱学森是我们民族的骄傲，国家的骄傲，对其有再多的褒奖和赞誉都不为过，然而老先生为人却非常低调，很少接受采访。2009 年 10 月 31 日，德高望重的钱学森老先生在北京去世，享年 98 岁。伟人逝去，然精神长存，吾辈当继续努力前行，不负众望！

人物简介:

> 钱学森（1911 年 12 月 11 日 – 2009 年 10 月 31 日），汉族，吴越王钱镠第 33 世孙，生于上海，祖籍浙江省杭州市临安。世界著名科学家、空气动力学家、中国载人航天奠基人、中国科学院及中国工程院院士、中国两弹一星功勋奖章获得者，被誉为"中国航天之父""中国导弹之父""中国自动化控制之父"和"火箭之王"。由于钱学森回国效力，中国导弹、原子弹的发射向前推进了至少 20 年。

知识链接:

"两弹一星"指核弹、导弹、人造卫星。

1960 年 11 月 5 日，中国仿制的第一枚导弹发射成功。1964 年 10 月 16 日 15 时中国第一颗原子弹爆炸成功，使中国成为第五个有原子弹的国家；1967 年 6 月 17 日上午 8 时中国第一颗氢弹空爆试验成功；1970 年 4 月 24 日 21 时中国第一颗人造卫星发射成功，使中国成为第五个发射人造卫星的国家。中国的"两弹一星"是 20 世纪下半叶中华民族创建的辉煌伟业。

20 世纪 50 年代、60 年代是极不寻常的时期，当时面对严峻的国际形势，

为抵制帝国主义的武力威胁和核讹诈，50 年代中期，以毛泽东同志为核心的第一代党中央领导集体根据当时的国际形势，为了保卫国家安全、维护世界和平，高瞻远瞩，果断地做出了独立自主研制"两弹一星"的战略决策。大批优秀的科技工作者，包括许多在国外已经有杰出成就的科学家，以身许国，怀着对新中国的满腔热爱，响应党和国家的召唤，义无反顾地投身到这一神圣而伟大的事业中来。他们和参与"两弹一星"研制工作的广大干部、工人、解放军指战员一起，在当时国家经济、技术基础薄弱和工作条件十分艰苦的情况下，自力更生，发愤图强，依靠自己的力量和苏联的帮助，用较少的投入和较短的时间，突破了核弹、导弹和人造卫星等尖端技术，取得了举世瞩目的辉煌成就。

赤心报国，科学泰斗

——钱伟长

祖国的需要就是我的专业。

他奠基了中国近代力学，他是伟大的教育家。他一生坎坷，却从未放弃理想，未放弃为国家、民族和人民谋复兴的信念。他师从世界导弹之父冯·卡门，回国后开创了中国大学里第一个力学专业，出版了中国第一本《弹性力学》专著，开设了中国第一个力学研究班和力学师资培养班，创建了上海市运用数学与力学研究所，为中国的机械工业、土木建筑、航空航天和军工事业的建立做出了辉煌不朽的贡献。他就是中国近代"力学之父""应

用数学之父"——钱伟长。

1912年10月9日,钱伟长出生于江苏无锡,他的父亲是钱挚,而钱挚是国学大师钱穆的长兄,钱挚英年早逝,所以,钱伟长由钱穆教养,这使得他自幼就沐浴在一个良好的国学氛围之中。中学时代的钱伟长,以中文和历史为傲,成绩优秀,属于那个时代的"偏科生",在18岁高考时以中文和历史双一百分的成绩被清华大学、交通大学、浙江大学、中央大学、武汉大学这五所名牌大学同时录取。最终,他选择了去清华大学历史系就读。然而,他在数理方面的成绩相对薄弱,数、理、化、英总共考取了25分,其中,英文科目更是由于没有接触过而考了0分。可是,就是这样一位看似偏科极其严重的学生,却出人意料地选择"弃文从理",直至在科学技术领域取得杰出造诣。这背后的重要精神动力来自于钱老在面对民族危亡之际的一次坚定选择。

1931年9月18日,日本侵略东北三省,发动了震惊中外的"九一八事变",眼见国土沦丧却无可奈何,这是中华民族的耻辱时刻,也是钱伟长个体生命中重要的转折点。那一天是钱伟长进入历史系学习的第二天,当从收音机里听到这个消息时,他激动地说:"我不读历史系了,我要学造飞机、大炮。国家的需要,才是我的

专业",决心转学物理系以振兴中国军力,他认为应当用科学救国,用技术改变民族命运的发展,故此弃文从理。

然而,跨专业至物理系的学习并非易事,所有的功课和知识需要从零做起,时任物理系主任的吴有训教授并不十分愿意接收这样一位门外汉学生,并建议他就读中文系。可是,强烈的民族抱负和使命责任驱动着一个年轻人不服输的心,为了能够学会物理系的知识,他每日清晨在科学馆读书温习,每天早晨第一个到教室抢占座位,下课后缠着老师请教问题,物理系的各个任课老师都被这样一位特殊又好学的"笨学生"深深打动,如此长期的坚持,使得一个跨专业的学生成了班级物理最优秀、最有成就的学生之一,这可谓是一次成功的逆袭。钱伟长曾说"我相信人的才能是用艰苦的劳动培植出来的,奋发才有为,勤学才有识。"这段话背后的分量恐怕就是基于如此的经历而发,内心对勤奋的理解也来得比他人更加踏实,笃定。

1935年,钱伟长考取清华大学研究院并获得高梦旦奖学金,在导师吴有训的领导下做光谱剖析。1940年8月他前往加拿大多伦多大学,师从J.L.辛格教授研讨板壳实践,在不到两个月的时间里,他与老师J.L.辛格教授发表了《弹性板壳的内禀理论》。爱因斯坦曾这样评论:"这位中国青年解决了困扰我多年的问题",此文奠定了钱伟长在美国科学界的位置。两年后,钱伟长获得了博士学位,并于1942年至1946年,他赴美国加州理工学院和喷射推动研究所,与钱学森、林家翘、郭永怀一起,师从世界导

弹之父冯·卡门教授从事航空航天范畴的研究工作。第二次世界大战期间，英国遭受德国导弹威胁，丘吉尔向美国求援，冯·卡门主持的喷气推进研究所成了解决英国政府这一难题的研究机构。钱伟长在仔细研究德国导弹的射程等问题之后，提出了重要的建议与思路。这在丘吉尔的回忆录中，被描述为"这位美国青年真的厉害"，可是他不知道这个年轻人正是日后享誉世界的中国科学家钱伟长。

1946年，当听到祖国抗战胜利之后，结束学业的钱伟长果断地放弃了国外优越的生活与工作条件，在祖国最需要人才的时候毅然决然地选择回国，到清华大学机械系任教，并兼任了北京大学、燕京大学教授，开创了我国大学第一个力学专业。他曾回忆说："我是中国人，我要回去。固然回国后，第一个月的工资只够买一个暖水瓶，但我从来没有懊悔过，更素来没有对国家失去过信念。"1947年，钱伟长曾取得一个赴美从事研究工作的机遇。当他到美国领事馆填写申请表时，发现最后一栏写有"假如中国和美国开火，你会为美国效力吗？"钱伟长断然填上了"NO"，放弃了这一难能可贵的机会，钱老的爱国精神由此可见一斑。对他而言，既然选择了为国效力，便要贯彻到底。

作为一位坚定的爱国主义者和优秀的科学家，钱伟长自回国投身教育事业开始，就怀有为振兴中华献身教育的远大抱负。不管国内外时势如何变迁，他的这一抱负未曾有过丝毫动摇，并对如何办好教育保持有足够清醒的头脑。任教二十多年，他不领取工资，没有自己的房子，这样一位勤勉克己的教育者，他提出的"学分制、选课制和短学期制"的"三制"制度，现在已成为高等教育的主流方法。钱伟长说："我从美国回来就是为了祖国，我要培养更好的学生！"

20世纪50年代，我国步入社会主义建设高潮，全国上下群情激昂，喊出"十二年赶超英美"的豪迈口号。钱老对此的意见是："在科学的各个领域上，有足够数量和足够水平的科学工作人员来研究、解决我们国家生产建设上和文化建设上存在的科学方面的问题。也就是说，我们国家建设中的科学上的问题，我们自己能够解决，而不仰仗人家来帮我们解决，这就是赶上了世界先进水平。"他特别强调，我国科学工作者完成科学任务的目的，就是为了使我们国家在物质生活上和文化生活上有更大的提高，科学理论是为这个目的服务的，其水平也是用这个来衡量的。

钱老身体力行地向世人展示了作为一名优秀科学工作者对祖国的贡献，以爱国、敬业为底色，无私奉献，恪尽职守。早年间，时任清华大学教务长的钱伟长参与制订新中国第一张科学发展蓝图——12年科学技术发展远景规划。钱伟长提出国家要优先发展原子能、导弹和航天等，事实证明，之后成功研制的两弹一星，大大增强了我国国力，提高了中国在世界上的影响力以及地位。1957年6月，钱伟长被错划为右派，但他仍然利用各种机会发挥自己所长，为各方提供咨询、解决技术难题一百多项。他曾说："我是爱国的，对国家好才行。我没别的要求。我希望国家强大起来。"

钱伟长在教育领域颇具建树，始终关注国家的前途和民族的命运，并

认为教育是国家和民族发展的基础。他在担任清华大学副校长时，积极参与教育思想讨论，引发了长达 3 个月之久的教育思想大辩论；71 岁高龄之时，他被任命为上海工业大学校长，他满腔热血，为上海工业大学带来新鲜的血液，提出了如何要将学校与社会联系，以适应经济生产的发展；1994 年，他担任重新组建的上海大学的校长，更是将时代特色与社会发展的需求融进大学的建设之中。

他曾经说过："我们知识分子对民族的兴旺是负有责任的，我们的责任是把本职工作做好，尤其是现在。不要只考虑个人问题，一定要把国家放在第一位，许多事情也就容易解决了。"可见，爱国主义是钱伟长一生致力于教育和科学研究的深层动因。时任上海大学常务副校长的周哲玮教授，他作为钱老的学生，当谈及对老师的回忆，讲到"钱老经常说，国家需要你做什么，你就朝哪个方向发展。"钱伟长把国家的利益看得比什么都重要，他把自己的一生都奉献给了国家，书写了名为"爱国"的篇章。

钱伟长的一句名言是"我没有专业，祖国的需要就是我的专业。"他正是以此精神鼓舞其毕生所做所学，彰显了一位学者和教育家如何在一次次命运的选择中与国家同向同行。他从科学研究到教育事业，从为国所学到报效祖国，心中有大我，至诚报国，始终将自己的人生同民族的命运联系在一起，将自己的理想同国家的发展联系在一起。这不仅是属于钱伟长个人的璀璨人生，更是属于一代奉献于国家与民族的知识分子群体的绚丽篇章。

人物简介：

> 钱伟长，江苏无锡人，生于 1912 年 10 月 9 日。1935 年清华大学物理系毕业后，考取清华大学研究院。1940 年赴加拿大多伦多大学应用数学系学习，主攻弹性力学，1942 年获多伦多大学博士学位。1946 年回国后，应聘为清华大学机械系教授，兼北京大学、燕京大学教授，参与了筹建中国科学院力学研究所和自动化研究所。20 世纪 70 年代，他创立了中国力学学会理性力学和力学中的数学方法专业组。1980 年又创办了中国最早的学术期刊《应用数学和力学》，促进了力学研究成果的国际学术交流，为中国的力学事业和中国力学学会的发展做出了重要贡献。

知识链接：

国际力学界有一个专有概念，名为"钱伟长方法"，意指钱伟长在圆薄板大挠度问题领域中，用正则摄动理论方面创建的以中心挠度 w_m 为摄动参数作渐近展开的摄动解法。圆薄板大挠度是一个典型的非线性问题，其非线性微分方程由冯·卡门在 1910 年提出，但长期没有找到好的求解方法。

冯·卡门在 1940 年提出这个问题时还需要一种工程师能够运用的解法。钱伟长在 1947 年做到了这一点，其计算结果和 1942 年由麦克弗森(Mcpherson)、朗布尔格 (Rumberg) 及利维 (Levy) 所完成的实验相符合。这也成为钱伟长回国后从事的一项极具影响力的工作，并在 1955 年获得国家自然科学二等奖。

科技将才，两弹一星功勋

——钱三强

学以致用，报效祖国。

他是"两弹一星"元勋，他是伟大的核物理学家，他发现了铀核的三分裂和四分裂，使人类能进一步探讨核裂变的普遍性。在他51岁生日之际，他研制出的中国第一颗原子弹爆炸成功。他的一生，有明确的目标和追求，有人生的理想和规范。他的一生，历经风风雨雨，仍然巍然挺立，不为世俗所扰。

16岁那年，在孔德中学临近毕业的钱三强，被书中描写的未来中国蓝

图所深深吸引，看到了前方的光明。他受孙中山"实业计划"鼓舞，萌生了"工业救国"思想。他认为，要使国家摆脱屈辱，走向富强，就需要壮大其工业，发展先进的科学技术。他选择成为一名机电工程师，并准备报考南洋大学的电机工程专业。

17岁，年轻的钱三强考入了北京大学理学院，但在他听了清华大学教授吴有训、萨本栋在北大物理系兼课时讲授的近代物理学和电磁学的课程后，尤其是在阅读了罗素的《原子新论》后，他对原子物理学产生了浓厚兴趣。

1932年，19岁的钱三强改变初衷，重新做出了选择，考入了清华大学物理系。1936年从清华毕业时，他再次面临选择，是前往南京军工署，还是去北平研究院物理研究所？钱三强毅然选择了后者，这也意味着更为艰苦的研究之路随即开启。在时任所长严济慈的指导与帮助下，他完成了大学毕业后的第一项实验研究工作，并发表论文《铷分子的带光谱与离解能》。次年，在严济慈的鼓励下，他参加了中法教育基金委员会组织的公费留法考试，并成功考取了巴黎大学的镭学名额，从此开始了核物理研究的艰难跋涉。

爱国主义

1936 年，钱三强从清华大学毕业后赴法国留学，从事原子核物理研究，导师是著名的科学家——居里夫人。但他不满足只研究镭学，他还要求参加放射化学实验。导师很不解，问他："你对这种工作也有兴趣？"钱三强回答："不是兴趣，而是需要。我们国家比不得你们，有那么多人各司其职。我回国后，如果只有我自己一个人，什么都得会干才行。举个例子，像放射源的提取，我自己不做，有谁能给我提取呢？所以样样都得学会才行。"

　　1943 年，钱三强的清华同学，在德国柏林的何泽慧，突然给七年未见的钱三强来信。因为是在战争期间，信的内容极为简短："你是否还在巴黎？如可能，代我向家中的父母写信报平安。"在这之后，他们开始互通书信，渐渐产生了感情。两年后，钱三强向何泽慧写信求婚。求婚信上说："经过长期通信，我向你提出结婚的请求。如能同意，请回信，我将等你一同回国。"收到信的何泽慧内心激动无比，回信却很简洁："感谢你的爱情，我将对你永远忠诚，等我们见面后一同回国。"

　　1946 年，他们在法国结婚，在居里实验室一起研究原子核的裂变。他们无比认真和勤奋，并在这一年，他们共同发现了铀原子核的三分裂和四分裂。这是二人经过 1000 多个不眠之夜和上万次的实验、观察、分析，换来的成果。他们的论文在国际核物理学界引起了巨大轰动，打破了一直以来关于"铀核只有二裂变"的结论，很多媒体都称他们是"中国的居里夫妇"。

　　当大家都以为钱三强夫妇将会留在欧洲继续科研事业，并向诺贝尔奖努力的时候，他们却毅然决定放弃法国优厚的待遇和先进的实验条件，选

择回国。钱三强回国的原因令人感动，他说："回到贫穷落后、战火纷飞的中国，以后恐怕很难在科学上有所作为。但是，我们更加清楚的是：虽然科学没有国界，科学家却是有祖国的。正因为祖国贫穷落后，才更需要科学工作者努力去改变这一落后的面貌。我们当年远渡重洋到欧洲来，就是为了学习先进的科学技术，然后回去报效祖国。我们应该回到祖国，与志同道合的科学家一起，使原子能这门新兴科学在祖国的土地上生根、开花、结果。"

1948 年 6 月，钱三强夫妇回到了阔别多年的祖国。然而，新中国的核弹研究工作并不是一帆风顺的，这对有着强烈报国志愿的钱三强而言，无疑是重大的挑战。但是，钱三强清楚地知道，原子弹对中国原子核科学事业而言，对中国的历史而言意味着什么。钱三强说，"别人能做出来的东西，我们也能搞出来。"1949 年，在周恩来的安排下，钱三强收到了 5 万美元专款，用于购置核研究的仪器设备。钱三强后来讲到，"当我拿到那笔用于发展原子核科学的美元现钞时，喜悦之余，感慨万千。这些美元散发出一股霉味，显然是刚从潮湿的库房里取出来的。不晓得战乱之中它曾有过多少火与血的经历！今天却把它交给了一位普通科学工作者。这令我无法想象。"

1950 年 5 月，中国科学院组建了近代物理所（后改名原子能研究所），钱三强任副所长，次年起担任所长。他求贤若渴，知人善任，将彭桓武、王淦昌、赵忠尧、邓稼先等数十位有理想、有造诣的专家，汇聚在研究所。到 1958 年，中国第一个重水反应堆和第一台回旋加速器在原子能研究所先后建成。直线加速器、中子谱仪、零功率装置、磁镜型绝热压缩等离子体实验装置等近五十台重要设备也相继建成运行。堆物理、堆工程技术、放射生物学、放射性同位素制备、高能加速器技术、受控热核聚变等科研工作先后开展起来。原子能研究所在他的领导下人才济济，硕果累累。据统计，在该所工作过的科研人员中有四十余人以突出成就和重大贡献当选为中国科学院院士或中国工程院院士。1964 年 10 月 16 日，我国西部上空腾起一朵蘑菇云，中国研制出原子弹的消息被传遍全国乃至世界，并给美苏等大国带来强烈震撼。但这并未成为钱三强的止步之处，他再一次带领团队进入氢弹研究的工作中，仅仅在两年零八个月之后，我国第一颗氢弹爆炸了，中国也因此成为了世界上从原子弹到氢弹发展最快的国家。

钱三强一生脚踏实地，以爱国和敬业为底色，铸就了不朽的丰碑。钱三强的儿子钱思进，也是我国著名的核物理学家。钱思进回忆说，他父母的工作特别忙，正因为这样，钱思进从幼儿园到小学都一直住校，只有周末才回家。当时每周工作六天，他的母亲只有周日才能回家。尽管如此，他的母亲还是会在晚上和他通电话。当时他的父亲钱三强在二机部工作，每天早出晚归，还经常需要出差去外地。虽然如此，但是父亲对他的关心却并不少。他的父亲曾在给他的信中说，人生的路都是自己走的，别人无法代替，哪怕半步。这句话对钱思进的影响很大，他认识到，应该靠自己的努力，不能依靠别人，尤其是不能依靠父母。

钱三强为中国核研究事业培养了众多学科带头人，并坚持不懈地给予

青年科技工作者鼓励、教诲。他燃烧自己的能量，凝聚起一批爱国的科学家，为推动中国科技的发展四处奔波，成为几代科技工作者的光辉楷模。他把青春才华默默地奉献给了他深爱的祖国和人民，为中华民族的原子能事业奠定了宝贵的基础。

人物简介：

> 　　钱三强，浙江省湖州人，生于 1913 年 10 月 16 日。原名钱秉穹，父亲钱玄同是中国近代著名的语言文字学家。钱三强 1936 年毕业于清华大学物理系，后赴法国巴黎大学居里实验室和法兰西学院原子核化学实验室从事原子核物理研究工作，获博士学位；1946 年获法国科学院亨利·德巴微物理学奖金；1948 年，他回国后历任清华大学物理系教授、北平研究院原子能研究所所长、中国科学院近代物理所（后改为原子能所）所长、第二机械工业部副部长、中国科学院副院长、中国物理学会理事长、中国核学会名誉理事长、中国科学院特邀顾问。1992 年 6 月 28 日，他在北京逝世。国庆 50 周年前夕，中共中央、国务院、中央军委向钱三强追授"两弹一星功勋奖章"。

知识链接：

　　中国自行制造的第一颗原子弹于 1964 年 10 月 16 日在新疆罗布泊成功爆炸。我国将这颗原子弹命名为"邱小姐"，为何会叫"邱小姐"呢？因为当时装原子弹的容器被称为"梳妆台"，"梳妆台"上连接了许多电缆，看上去像女性的秀发一般，再加上原子弹是一个圆形的球体，也就命名为"邱小姐"。原子弹的成功爆炸，代表了中国科学技术的新水平，有力地打破了超级大国的核垄断，提高了中国的国际地位。

数学机械化之父

——吴文俊

悠悠吴氏类，圣手剪裁功。
数坛不世文，俊名青史留。
——方复全

吴文俊是我国著名的数学家，享有"数学机械化之父"的美誉，他的一生时刻保持着对新鲜事物的好奇心，在好奇心的驱使下，进行了多方面的研究。吴文俊的研究领域很广，"钻"进过拓扑学、中国数学史、数学机械化等重点领域，取得了卓越的成就。

1919年，吴文俊出生于上海的一个书香世家，4岁时，被父亲送到弄堂里的文蔚小学读书，由于课程较为简单，吴文俊有了很多的空闲时间，因此自幼便浸润在父亲民主思想的熏陶之中。上海"一·二八"事变爆发后，为躲避战乱，吴文俊被送回浙江嘉兴老家，半年后返回上海继续读书。

吴文俊的读书生涯应该要从1933年算起，这一年，吴文俊进入正始中学。他小学时成绩平平，没有显示出数学方面的独特才华，初中时数学甚至得过零分，高中时，吴文俊最喜欢的是物理，而非数学。在一次题目很难的高中物理考试中，吴文俊取得了十分出色的成绩。尽管如此，教他物理的老师赵贻经却看出了他的数学潜力，认为吴文俊物理考试出色的根本原因在于他拥有扎实的数学功底。毕业时，校方决定，吴文俊只有报考数学系，每年才可以得到一百块大洋的奖学金。一百块大洋在当时相当可观，几乎足够支撑一家人一整年的开销用度。"因为这笔奖学金，我歪打正着走上了数学这条路，可以说一半主动，一半被动。"吴文俊说。

1936年，吴文俊被保送至交通大学数学系。兴趣先导的求学态度，让吴文俊坚信"知之不如好之，好之不如乐之。"大学学习期间，吴文俊曾多次因为自己对物理的兴趣而产生转专业的想法，后在数学系老师武崇林的帮助下，他摆脱了专业上的困惑，认识到了数学的巨大魅力。

除此之外，吴文俊从小就对读书有浓厚兴趣，初中时国文成绩一直不错，这些都为其日后的理论研

究奠定了重要的基础。

1940 年至 1945 年，吴文俊先后在育英中学、培真中学、南洋模范女中、之江大学教书。1946 年初，吴文俊在上海临时大学任郑太朴教授的助手，也就是这一年，吴文俊遇到了对他一生影响重大的恩师陈省身。自从陈省身招纳吴文俊到中央研究院数学所任助理研究员后，吴文俊的身份就从普通的数学教师转变为专业的研究员。此后，他的数学研究不断取得重大突破。

1947 年，吴文俊完成了一项重要的拓扑学研究，证明了惠特尼乘积公式和对偶定理，1948 年在《数年年鉴》（*Annals of Math*）上发表。在国外留学和访问期间，吴文俊获得了法国国家博士学位，随后进入法国国家科学中心任研究员。"吴先生做拓扑研究，一下子就能抓住核心问题，为代数拓扑学的兴起做出了影响深远的贡献。他研究机器定理证明也是这样，极其敏锐地看出了信息时代数学的发展趋势，他的研究受到中国古代数学的启发，汲取了中国传统数学的养分。使用吴先生的方法，几乎所有数学定理的证明，都可以由计算机来完成，从而让人类把精力放到更加宏观的层面上去思考问题。"吴文俊的学生高小山在评价他的数学研究时如是说道。

在国外的学习工作期间，吴文俊完成并发表了博士论文《论球丛空间结构的示性类》。法国留学期间，吴文俊引进的示性类和示嵌类被称为"吴示性类"和"吴示嵌类"，并发表了"吴公式"。

1951 年，吴文俊回到祖国，在北京大学数学系任教。

"文革"前夕，陈景润将他对哥德巴赫猜想做出"1+2"结果的论文提

交至中科院数学所。在当时，人们对是否发表此文产生了巨大分歧。"如果不发表这篇文章，我们将成为历史的罪人。"吴文俊出于为中国数学国际地位的考虑，力排众议，促成了此篇文章的发表，确保了中国在"1+2"成果上的优先权。

20世纪70年代，吴文俊对中国的数学史产生了极大的兴趣，并进行了一系列研究。在其1975年发表在第18期数学学报上的《中国古代数学对世界文化的伟大贡献》一文中，他明确提出，"近代数学之所以能够发展到今天，决定数学历史发展进程的，主要是靠中国式的数学，而非希腊式的数学。"1976年末，吴文俊开始进行定理机械化证明的研究，在第二年就取得了成果。

值得一提的是，吴老步入高龄还依然保持着对新知识的好奇，年近六十，开始从头学习计算机语言；年逾九十，开始研究世界级难题"大整数分解"。吴老的钻研成果为当今众多领域的研究打下了坚实的基础。

1996年，吴文俊任国家科委攀登计划项目"数学机械化及其应用"专家委员会首席科学家。1997年4月，西安交通大学101周年校庆纪念暨面向21世纪发展战略研讨会召开，吴文俊专程来到母校参会，并受聘为母校的名誉教授。2001年，吴文俊获首届国家最高科学技术奖。2009年，西安交通大学授予吴文俊等5位校友"西安交通大学最受崇敬校友"荣誉称号。

尽管殊荣累累，吴老依然为人低调，并对国家、社会时刻怀有感恩之心。他曾在发表获奖感言时说："奖，不是我一个人的，不管一个人做出了什么

工作，都是在社会、国家的支持下完成的。"

虽然在一开始，吴文俊被动地选择了数学，但在其生命历程中，数学逐渐成为了吴文俊生活的中心。吴文俊对中国数学教育事业的发展，以及数学教育在中华民族发展过程中的地位也有着深刻的认识，他始终认为"创新思维"在数学教育中是至关重要的，"要创新，就要独立思考，就不能总是跟着人家亦步亦趋，当然开始的时候参考借鉴也是必要的。牛顿就说过，他之所以获得成功，因为他站在巨人的肩膀上，才能看得远。所以不能忽略学习。可是除了学习之外，还要能够独立思考，这是创新的必要条件。现在摆在中国面前的是，数学就要靠下一代、下下一代在创新方面取得巨大成功，中华民族才可以得到复兴。"

在数学教育上，吴文俊认为，一个缺乏数学思维的民族，在国际科技竞争中也必然会受到制约，因此，中国应该重视改善片面追求竞赛成绩而忽视对数学思维及兴趣培养的现状，从小就要对国民进行有意义的数学教育。

回望吴文俊的一生，这是钻研的一生，他探索数学世界的奥秘；这是奋斗的一生，他勇攀众多数学世界的"高峰"；这是爱国的一生，他用爱国的精神激励后辈，捍卫中国在数学界的国际地位。

爱国主义

人物简介:

> 吴文俊（1919 年 5 月 12 日—2017 年 5 月 7 日），出生于上海，祖籍浙江嘉兴，数学家，中国科学院院士，中国科学院数学与系统科学研究院研究员，系统科学研究所名誉所长。1991 年，吴文俊当选第三世界科学院院士；2001 年 2 月，获 2000 年度国家最高科学技术奖。吴文俊为拓扑学做了奠基性的工作，他的示性类和示嵌类研究被国际数学界称为"吴公式"，至今仍被国际同行广泛引用。

知识链接:

数学机械化研究，是在初等几何定理的机器证明研究方面取得突破的。以往的公理化体系的几何定理证明非常不机械化。以中学课程中的几何为例，一个定理的证明，往往要经过冥思苦想、奇巧构思，无章可循地添加辅助线，迂回曲折地给出证明。如何利用计算机进行自动推理，特别是进行几何定理的自动证明，是学术界长期研究的课题。所谓定理的机械化证明，就是对一类定理提供一种统一的方法，使该类定理中每个定理，都可依此方法给出证明。在证明过程中，每前进一步，都有章可循地确定下一

步该做什么和如何做。从"一理一证"到"一类一证"，是数学的认识和实践的飞跃。吴文俊先生创立了初等几何定理证明的机械化方法，国际上称"吴方法"，首次实现了高效的几何定理的机器证明。"吴方法"也可用于几何定理的自动发现和未知关系的自动推导。吴文俊先生的开创性成果，打破了国际自动推理界在几何定理自动证明研究中长期徘徊不前的局面，也使我国在这一领域处于领先地位。这一杰出贡献，使他获得1997年度国际自动推理界的最高奖。

两弹元勋

——邓稼先

君视名利如粪土，
许身国威壮河山，
功勋泽人间。
国士，当如是！

邓稼先，九三学社成员，中国科学院院士，著名核物理学家，中国核武器研制工作的开拓者和奠基者，为中国核武器、原子武器的研发做出了重要贡献。他 1982 年获国家自然科学奖一等奖，1985 年获两项国家科技进步奖特等奖，1986 年获"五一劳动奖章"，1987 年和 1989 年各获一项国家科技进步奖特等奖。1999 年他被追授"两弹一星功勋奖章"。由于他对中国核科学事业做出的伟大贡献，他被称为"两弹元勋"。

1924 年，邓稼先出生于安徽怀宁县的邓家祖屋。出身书香门第，邓稼先从小就接受了良好的教育。1937 年 7 月 7 日，"卢沟桥事变"爆发。全面侵华的日军，很快就攻入了北平。当时还是初中生的邓稼先，第一次体会到了什么叫"国难家仇"。邓稼先每次在街上看到耀武扬威的日本兵，心里都不是滋味。有一次，已经读到高一的邓稼先，在操场上当众将一面日本国旗扯碎，踩在了脚底下。

1940 年 5 月，为避迫害，还没读完高二的邓稼先随姐姐经上海、香港和越南，抵达了昆明。临行前，父亲的一句话让邓稼先印象深刻："你以后一定要学科学，不要像我这样，不要学文！学科学对祖国有用！"

1941 年，带着父亲的嘱托，邓稼先考进了国立西南联合大学物理系，师从王竹溪（中国热力学统计物理开拓者）、郑华（著名光谱学家）等著名物理学家。当邓稼先拿到毕业证书的时候，抗日战争已经取得了胜利。他先是去一所中学做了数学老师，后又被聘为北京大学物理系的助教。此时的邓稼先仅 22 岁，年纪轻轻，却已经当上了北大的助教，可谓是前程似锦，但他却依然决定去美国学习更先进的科学。

1947 年，邓稼先顺利通过了赴美研究生考试，并在第二年选择进入美国印第安纳州的普渡大学留学。在美国，邓稼先省吃俭用，把所有的精力都扑在了学业上。由于他学习成绩突出，不足两年便读满学分，并通过博士论文答辩。此时他只有 26 岁，人称"娃娃博士"。

1950 年 8 月，邓稼先在美国获得博士学位 9 天后，便谢绝了恩师和同校好友的挽留，毅然决定回国。一到北京，他就同他的老师王淦昌教授以及彭桓武教授投入中国近代物理研究所的建设工作，开创了中国原子核物理理论研究工作的崭新局面。1952 年，28 岁的邓稼先晋升为中科院的副研究员。一年之后，他和自己恋爱多年的女友许鹿希结婚。

1956 年，邓稼先加入了中国共产党。同年他与何祚庥、徐建铭、于敏等人合作，在《物理学报》上相继发表了《β 衰变的角关联》《辐射损失对加速器中自由振动的影响》《轻原子核的变形》等论文，为中国核理论研究做了许多开拓性的工作。

1958 年秋，二机部副部长钱三强找到邓稼先，说"国家要放一个'大炮仗'"，征询他是否愿意参加这项必须严格保密的工作。邓稼先毫不犹豫地同意，回家对妻子只说自己"要调动工作"，不能再照顾家和孩子，通信也困难。从此，邓稼先的名字便在刊物和对外联络中消失，他的身影只出现在严格警卫的深院和大漠戈壁。

1959 年 6 月，苏联政府终止了原有协议，中共中央下决心自己动手，研制出原子弹和人造卫星。邓稼先担任原子弹的理论设计负责人，在部署同事们分头研究计算的同时，自己也带头攻关。当时恰逢三年困难时期，

虽然国家科研人员的基本供给还能维持，但高强度的工作仍让人饥肠辘辘，一些科研人员甚至已经饿得身体浮肿了。就是在这样的环境下，邓稼先的团队通过"九次运算"，彻底推翻了苏联专家提供的数值，为中国原子弹理论设计奠定了坚实的基础。著名数学家华罗庚曾称，完成这个复杂而艰难的运算是"数学上的奇迹"。

1963 年，邓稼先和一大批中国科学家一起，义无反顾地奔向了青海金银滩。在平均海拔 3000 多米的戈壁滩上，邓稼先和一大批同事一起，夜以继日、忘乎生死地工作着。邓稼先不仅在秘密科研院所里费尽心血，还经常到飞沙走石的戈壁试验场。他冒着严寒酷暑，更没有家人陪伴，在试验场度过了艰苦的生活，有 15 次都在现场领导核试验，从而收集了大量的第一手材料。

所有的努力，都在 1964 年 10 月 16 日收到了回报。这一天的下午 3 点，戈壁滩上升起了一朵蘑菇云——中国成功试爆了自己第一颗原子弹。从无到有，中国人只花了五年的时间。

但邓稼先并没有停下脚步。原子弹试爆成功后，邓稼先又马不停蹄地加入了氢弹的理论研究设计工作。1967 年 6 月 17 日，中国第一颗氢弹试爆成功。从原子弹到氢弹，美国用了七年零四个月，苏联用了四年，英国用了四年零七个月，法国用了八年零六个月，中国仅仅用了两年零八个月，创造了世界上最快的纪录。

邓稼先虽长期担任核试验的领导工作，却本着对工作极其负责任的精神，在最关键、最危险的时候出现在第一线。1979年，一次氢弹的空投试验中降落伞发生了故障，氢弹直接摔在了地上，没有爆炸。邓稼先坐不住了，不听旁人劝阻，自己穿上防护服立刻赶往爆炸核心区。他直接进入了弹坑，把那颗已经破裂的氢弹捧在手里仔细研究，最终确认了原因——是因为降落伞包设计发生了问题，氢弹的设计并没有出错。

虽然邓稼先当时穿着防化服，但是后来学医的许鹿希知道了这件事，立刻让邓稼先去做了一次全身检查。检查结果显示：邓稼先的小便中带有放射性物质，肝脏破损，骨髓里也侵入了放射物。

邓稼先始终坚持在第一线，就连那次被辐射后的治疗休养都不愿去，认为是"浪费时间"。1985年，还想坚持工作的邓稼先被"勒令"送进医院。医生强迫他住院并通知他已患有癌症，他无力地倒在了病床上。在住院后的近一年时间里，邓稼先先后做了三次大手术，都非常痛苦。给他止痛用的杜冷丁，一开始是一天一支，后来发展到要一小时一支。

1986年4月，邓稼先的病情已经非常严重，但他还是强忍病痛，和于敏一起合作完成了有关中国核武器工程未来规划的《建议书》。《建议书》上交之后，"邓稼先"这个隐姓埋名28年的名字，也终于开始解密。世人通过媒体的报道，终于知道中国核武器发展的背后，有过这样的一个人。

1986年6月，时任中央军委主席的邓小平签署任命邓稼先为国防科工委副主任。同月，邓稼先又被评为"全国劳动模范"——他是在病床前得到这份奖状的。

一个多月后，7 月 29 日，邓稼先的生命走到了尽头。

他在临终前留下了三句话。

第一句是对妻子说的："苦了你了。"

第二句是对自己说的："永不后悔，死而无憾。"

第三句是对后人的嘱托："不要让人家把我们落得太远……"

1996 年 7 月 29 日，中国政府进行了第 45 次，也是最后一次核试验。

随后，中国郑重向全世界宣布："自此之后，中国开始暂停核试验。"

人物简介：

　　邓稼先(1924 年 6 月 25 日 –1986 年 7 月 29 日)，安徽怀宁人，著名核物理学家，中国科学院院士。他历任中国科学院近代物理研究所助理研究员、原子能研究所副研究员、核工业部第九研究院院长、核工业部科技委员会副主任、国防科学工业委员会科技委员会副主任、中科院数学物理学部委员、中国核学会第一、二届常务理事、中共第十二届中央委员。邓稼先参加、组织和领导我国核武器的研究、设计工作，他是我国核武器理论研究工作的奠基者之一。从原子弹、氢弹的原理突破、试验成功及其武器化，到新的核武器的重大原理突破和研制试验，邓稼先均做出了重大贡献。作为主要参加者，其成果曾获国家自然科学奖一等奖和国家科技进步奖特等奖。他是中国核武器研制与发展的主要组织者、领导者，被称为"两弹元勋"。

知识链接：

　　国立西南联合大学是在抗日战争开始后，设于昆明的一所综合性大学。1937 年 11 月 1 日，由国立北京大学、国立清华大学、私立南开大学在长沙

组建成立的国立长沙临时大学在长沙开学。由于长沙连遭日机轰炸，1938年2月中旬，经教育部批准，长沙临时大学分三路西迁昆明。1938年4月，改称国立西南联合大学。

从1937年8月教育部决定开始组建国立长沙临时大学，到1946年7月31日国立西南联合大学停止办学，西南联大前后共存在了8年零11个月，"内树学术自由之规模，外获民主堡垒之称号"，保存了抗战时期的重要科研力量，培养了一大批卓有成就的优秀人才。1939年，西南联合大学全校师生共有269人，其中北大89人，清华150人，南开30人。8年时间，虽然只有3882名学生从西南联大毕业，但走出了2位诺贝尔奖获得者、4位国家最高科学技术奖获得者、8位"两弹一星"功勋奖章获得者、171位两院院士及100多位人文大师，为中国和世界的发展进步做出了杰出贡献。

以身许国的"中国核潜艇之父"

——黄旭华

> 若有人问我们如何评价这一生，我们会说，此生没有虚度，我们的这一生都奉献给国家、给核潜艇事业，我们仅用不到十年的时间就实现了毛主席"一万年也要造出核潜艇"的誓言，我们此生无悔！

"时代到处是惊涛骇浪，你埋下头，甘心做沉默的砥柱；一穷二白的年代，你挺起胸，成为国家最大的财富。你的人生，正如深海中的潜艇，无声，但有无穷的力量。"这是 2013 年度感动中国十大人物的颁奖词之一，形容了一位耄耋老人青丝化白发、以身许国的一生。磊落平生无限爱，尽付无言华夏歌！他，就是大名鼎鼎的"中国核潜艇之父"——中船重工第 719 研究所名誉所长、首批中国工程院院士、我国第一代核潜艇总设计师黄旭华。

1926 年 3 月，黄旭华出生于广东省汕尾市海丰县田墘镇。1945 年，这位辗转求学的青年在面对人生抉择之时，从小的大海情结、工业救国的理想，使他选择了科学救国之路，进入国立交通大学造船专业学习。中国风雨如晦，交通大学用深厚的文化底蕴和严谨的学术精神，滋养着他勃勃的进取之心，为其后来铸造国之重器奠定了专业基础和思想基石。在校园里，他领衔学运、参加地下党、智斗敌特……"护校运动"中，他一腔热血，振臂疾呼；他敢为人先，竭力阻挡国民党特务对学生活动的破坏；他身先士卒，机智周旋，组织领导同学们坚持对敌斗争。经过血与火的洗礼，黄旭华不仅完成了从进步学生到革命者的蜕变，更成为了一名光荣的中国共产党党员。交通大学的四年，使黄旭华不仅成长为具有现代造船理论与技术的专业人才，更使他成为了一个铮铮的革命者，开启了与祖国核潜艇事业一生的缘分。

1954 年，美国"鹦鹉螺号"核潜艇首次试航，这种新武器的巨大能量，一度超出了当时人们的想象。1958 年，国际政治波诡云谲，面对美苏的恫吓与利诱，毛主席高瞻远瞩，字字铿锵："核潜艇，一万年也要造出来！"于是，我国研制核潜艇的"09"工程诞生了，黄旭华因其优秀的专业能力被秘密召集至北京，为了毛主席那一句令老一辈科技工作者心潮澎湃的嘱托，黄旭华全情投入到我国第一代核潜艇的论证与设计工作中。

那时的中国，不仅不具备基本的工业制造基础，而且毫无研制核潜艇的科研技术储备。而这个雄心，仅源自一个不能落后挨打、再被帝国主义侵略欺辱的民族梦想！我国第一代核潜艇研制面临着无经验、无技术、无条件的残酷现实，工作难度可想而知。

1965 年春，专司核潜艇研制的"中国核潜艇总体研究设计所"在渤海湾的一个荒岛成立，在那个"一年两次风，一次刮半年"的荒芜凄凉、乱草丛生、人迹罕至的小岛上，黄旭华开始了他的荒岛人生。他带领研究所的设计人员克服常人无法承受的各种困苦，攻克一个一个的技术难关，使我国第一代两种型号的核潜艇的设计轮廓逐渐清晰起来。终于，在适逢毛主席 77 岁生日的 1970 年 12 月 26 日，我国的第一艘鱼雷攻击型核潜艇带着全国人民的期盼和全体研制人员的汗水顺利下水了，中华民族开始拥有了捍卫国家安全的海上苍龙。1981 年 4 月 30 日，我国首艘弹道导弹核潜艇成功下水，从此劈波斩浪，遨游在深蓝大洋之中，为保卫世界和平释放着巨大的力量。

"若有人问我们如何评价这一生，我们会说，此生没有虚度，我们的这一生都奉献给国家、给核潜艇事业，我们仅用不到十年的时间就实现了毛主席'核潜艇，一万年也要造出来'的誓言，我们此生无悔！"核动力潜艇总设计师黄旭华这样说。其实，他没有说的还有他人生中那抛家舍业、默默无闻的三十年，他承受丧亲之痛与亲人误解，依然信仰不变、初心不改、奋斗不息。

时光回溯到六十多年前，黄旭华突然接到去北京出差的通知。报到时，领导找他谈话，说了三条：一是"你被选中，说明党和国家信任你"；二是"这项工作保密性强，这个工作领域进去了就出不来，即使将来万一犯了错误，也不能离开，只能留在里面打扫卫生，因为出来了就泄密了"；三是"一辈子出不了名，当无名英雄"。黄旭华没有迟疑，"一辈子出不了名，当无名英雄"和"党和国家信任你"相比，算得了什么！1956年年底，黄旭华因公出差广州，顺道回老家海丰田墘镇三天，探望父母兄妹。此后三十年，对他的父母而言，黄旭华只是一个会按月给他们寄生活费的神秘的北京信箱号码。三十年里，由于严格的保密制度，家人不知道他在哪里，在干什么。父亲、二哥相继离世，他没有见最后一面，他是家族里"消失"了的那一个。直到1986年11月黄旭华出差到深圳大亚湾核电站，他才首次回到阔别三十年的广东老家。母亲已经从一位硬朗干练的六旬大妈，成为白发苍苍的93岁老人。

时光荏苒，甲子沧桑。六十多年来，任何艰难、曲折都动摇不了黄旭华执着于祖国核潜艇事业的内心定力。"国家也好，家国也罢，有国才有家。"黄旭华说，这就是大国重器和他的设计师的故事。黄旭华为中国核潜艇事业的发展做出了重要贡献，开拓了中国核潜艇的研制领域，被誉为中国核潜艇之父。

2014年1月，黄旭华当选为中国中央电视台2013年度感动中国十大人物；2017年10月25日，获2017年度何梁何利基金科学与技术成就奖；

同年 11 月 9 日，获第六届全国道德模范敬业奉献类奖项。在人民大会堂举行的全国精神文明建设表彰大会上，这位白发苍苍的老人站在代表们中间，习近平总书记握住他的手，请他坐到自己身旁。老人执意推辞，总书记一再邀请，最后他才在总书记身边坐下。

作为交通大学校友，黄旭华心有大我，至诚报国，用自己为国家建设事业奉献的一生，诠释着烛照四野的"交大精神"和"此生属于祖国，此生属于核潜艇，献身核潜艇事业，此生无怨无悔"的真切誓言。在祖国的建设发展中，无数交通大学的莘莘学子，把爱国之情、报国之志和毕生奋斗的事业紧密融合在一起。交大人的初心，是把自己的使命和国家的需要、民族的振兴相结合；交大人的奋斗，是以时不我待的气魄，创造留下历史印记新贡献，谱写出一曲曲壮丽的"爱国奋斗之歌"。

人物简介：

黄旭华，1926年3月生，广东揭阳人，中国船舶重工集团719所名誉所长、原所长，中国工程院院士。他隐姓埋名几十年，为我国核潜艇事业奉献了毕生精力，为核潜艇研制和跨越式发展做出卓越贡献。在某次深潜试验中，作为总设计师的他，置个人安危于不顾，亲自随产品深潜到极限。他曾荣获国家科学技术进步奖特等奖和"全国先进工作者"等称号。

知识链接：

核潜艇是潜艇的一种，指以核反应堆为动力来源设计的潜艇。由于这种潜艇的生产与操作成本，加上相关设备的体积与重量，只有军用潜艇采用这种动力来源。核潜艇水下续航能力能达到20万海里，自持力约60天至90天。核潜艇按照任务与武器装备的不同，可分为：攻击型核潜艇，以鱼雷为主要武器，用于攻击敌方的水面舰船和水下潜艇；弹道导弹核潜艇，以弹道导弹为主要武器，也装备有自卫用的鱼雷，用于攻击战略目标；巡航导弹核潜艇，以巡航导弹为主要武器，用于实施战役、战术攻击；实验用途核潜艇，作为特殊作战和仪器、装备实验的平台而使用。

世界上第一艘核潜艇是美国的"鹦鹉螺"号，1954年1月24日首次开始试航，它宣告了核动力潜艇的诞生。目前全世界公开宣称拥有核潜艇的国家有6个，分别为：美国、俄罗斯、英国、法国、中国、印度。核潜艇的出现和核战略导弹的运用，使潜艇发展进入一个新阶段。

愿为"火花"的"布衣院士"

——卢永根

生命诚可贵，爱情价更高。若为祖国故，两者皆可抛。我希望能像一束小火花，点燃你们心中的爱国主义火焰。

桃李不言，下自成蹊，这束"小火花"，就是中科院院士、作物遗传学家、华南农业大学原校长——卢永根。

卢永根祖籍广东花都，1930 年生于香港，香港沦陷时他亲眼目睹日寇暴行，民族意识开始觉醒。1949 年，青年卢永根在香港加入中国共产党地下组织，并受派遣回到广州。他说，"为什么要放弃安逸生活回内地？主要是侵华战争的现实教育了我。我要为祖国复兴效力。"这就是一位农业科学家的赤诚之心、家国情怀。1953 年 8 月，卢永根大学毕业，党组织安排他留校任教，从此，在教育领域他开始了一辈子的坚守。

生于兵荒马乱之际，卢永根的人生，从一开始就打上了大时代的烙印。也因此，他对国家的强盛、社会的发展有着更加殷切的期盼。人都是有选择的，生逢大时代，历经数十载风雨沧桑，他面临的选择之多，更是常人难以想象。尽管总是有更好的选择，总是有更好的物质条件，总是有更丰沃的薪资，总是有更多的比国内更加先进的技术优势摆在面前，三次到国外探亲和访学，但作为建国前就入党的老党员，卢永根对党是一腔热血，从未有丝毫动摇过。在异国丰厚的物质生活面前，卢永根依旧选择学成归国。他常把法国科学家巴斯德的名言挂在嘴边，"科学无国界，科学家有祖国。"在卢永根眼中，一名真正的科学家，必须是一名忠诚的爱国主义者。卢永根不但坚信只有祖国才是他安身立命的地方，还感染带动身边人奉献祖国。在他的感召下，一大批海外留学人才最终选择回国奉献才智，"正直、率真、有情怀，卢永根影响和改变了我的人生轨迹。"民盟中央副主席温思美说。1994 年 7 月，卢永根给在加拿大留学的女婿写了一份公开信，力劝其回国。他在信中说，"真正爱国的青年科学家都应扎根祖国。外国实验室再

先进，也不过是替人家干活。"透过纸背看到的，是一个科学家热爱祖国的拳拳之心。他在信中驳斥了当时流传在留学生当中的各种"理论"，比如，科学是没有国界的，学成归国为中国服务显得太狭隘，不如留在外国工作为全人类服务；再比如，中国现在还比较落后，工作条件差，发挥不了留学人员的作用，等将来中国的生活和工作条件都好了再回去，等等。他说，凡此种种，无非是为自己待在国外不归制造借口和"理论依据"，"自己不愿意回国倒算了，还要给利己主义的灵魂贴金，连为养育自己的国家和民族服务都不愿意，还奢谈什么为全人类服务？"

在华南农学院，卢永根认识了原中山大学农学院院长、中科院院士丁颖。丁颖讲授的中国栽培稻种的起源演变和中国稻作区域划分的课程，深深地吸引了卢永根。从此，他走上了稻作研究之路，选择成为一名科研人员。卢永根一生致力于水稻的遗传育种研究。1978 年，他主持完成的《中国水稻品种的光温生态》成为我国水稻育种工作者最重要的参考书之一，获得了全国科学大会奖。他提出的水稻"特异亲和基因"的创新学术观点以及相关设想，对水稻育种实践具有指导意义。2001 年，听说广东佛冈一处山顶有野生稻，已 70 多岁高龄的卢永根亲自出发寻找。山上无路，布满荆棘，行至半山腰，卢永根已体力不支，但他坚持要去现场，学生们只好架着他慢慢往上爬。老照片上，卢永根一手挂拐，一手扶树，在野生稻旁笑得格外开心。卢永根带领研究团队共选育出作物新品种 33 个，累计推广面积达 1000 万亩以上。作为著名作物遗传育种学家，他保存了华南地区富有特色的野生稻基因库。如今，我国水稻研究技术在很多领域都超过了国际上其他水稻研究所的成果。

他心系教育，大刀阔斧改革，为华南农业大学人才培养、科学研究、学科和师资队伍建设等各项事业发展做出了重要贡献。从1983年开始，卢永根担任了13年华农校长。13年间，他为学校各项事业发展鞠躬尽瘁，打开了华农人才培养的新格局，推动了华农的跨越式发展。

2017年3月，罹患重症的卢永根，将毕生积蓄8809446元，转入华南农业大学教育发展基金会的账户，用于教育事业，而不是留给自己唯一的女儿。这是华农校史上最大的一笔个人捐款，华农为此专门设立了"卢永根·徐雪宾教育基金"，用于奖励农学院贫困学生与优秀青年教师。卢永根说，"党培养了我，我将个人财产还给国家，做最后的贡献。"为了这次捐款，身体孱弱的卢永根特意从医院来到银行，仅在一家银行，转账业务就持续了一个多小时。

他的夫人徐雪宾教授回忆夫妻二人商量捐款的经过时说，卢永根身患重病住院，她聊天时问起身后他对存款如何处置，卢永根只说了一个字，"捐！"徐雪宾心领神会，马上回答，"好！"——两个字的简单交流，毕生积蓄处置完毕，一个坚定的"捐"，一个果断的"好"，对祖国的无私奉献精神充盈其间。他不仅把钱捐给了华南农业大学，还把身体捐给了医学事业。早在患病之前，卢永根就办理了遗体捐献卡，在身后将遗体无偿地捐献给医学科研和医学教育事业。他表示，作为中科院院士，作为共产党员，捐

131

献遗体是为党和国家最后一次做出自己的贡献。

在卢老慷慨捐赠的背后，是他对自己近乎苛刻的节约，用"家徒四壁"来形容卢永根的家也毫不过分。家中没有装修，没有窗帘，摆设停留在20世纪80年代：几张还在使用的椅子，用铁丝绑了又绑；老式电视，破旧的木沙发；铁架子床锈迹斑斑；挂蚊帐用的是竹竿。这些简易的家当，已经陪伴他们夫妇半个多世纪了。"不舍得，这些东西没有用光用烂，还能用，"躺在病床上的老科学家，用无言的行动，诠释了人生的意义。平日里，这位老校长常常拿着一个半旧饭盒，与学生们一起排队，一荤一素二两饭，在一个不起眼的位置，慢慢地将饭菜吃得干干净净。和水稻打了一辈子交道，卢永根总会善意提醒那些浪费饭菜的学生，"多少棵水稻才能长成一碗米饭！"

感动中国2017年度人物颁奖时给卢永根的颁奖词是：种得桃李满天下，心唯大我育青禾，是春风，是春蚕，更化作护花的春泥。热爱祖国，你要把自己燃烧。稻谷有根，深扎在泥土。您也有根，扎根在人们心里。

这段颁奖词是对卢永根科学家、校长、老党员、毕生积蓄捐献者多重身份的生动概括。一心向党、一生爱国、一身正气、一生节俭、一盏明灯，倾其所有许党报国，用初心无改彰显家国情怀，"卢永根精神"熠熠生辉。

2019年11月15日，中宣部追授卢永根"时代楷模"称号。

人物简介：

卢永根（1930 年 12 月 2 日—2019 年 8 月 12 日）出生于香港，作物遗传学家、中国科学院院士、华南农业大学教授、博士生导师、华南农业大学前校长。卢永根长期从事作物遗传学的教学和研究工作，研究领域包括稻的遗传资源、水稻的经济性状遗传、稻的雄性不育遗传和栽培稻的杂种不育性遗传等。

知识链接：

丁颖，号竹铭，华南农业大学教授、中国科学院院士。1888 年出生于广东茂名，他用一句"当今之血性青年，当为农夫温饱尽责尽力"表明了自己选择农学的决心。1912 年到 1924 年间，他三度远涉重洋，辗转三所日本高校求学，最终在 36 岁获得东京帝国大学农学部学士学位，成为该校第一位研修稻作学的中国留学生。学成回国后，丁颖在广东大学农业科学院任教授。1957 年丁颖出任中国农业科学院首任院长，兼华南农学院院长。他是世界上第一个通过杂交把野生稻抵抗恶劣环境的基因转移到栽培稻的人。他培育出了世界上第一株"千粒穗"类型，他还是第一个系统科学地论证了中国水稻的起源和演变的人。他的研究和 170 多篇（本）论文著作，使他成为中国稻作学的主要奠基人，他被誉为"中国稻作科学之父"。

国士无双

——钟南山

在医务界，在医疗体制、医疗人文方面，我必须坚持讲真话，我还是希望利用自己的影响，以事实为依据，去改变政府和公众对一些事情的看法。

国士无双，出自《史记·淮阴侯列传》中的"诸将易得耳，至如信者，国士无双"。意思是国中杰出的人物，指的是一国中独一无二的人才。2020年年初，新型冠状病毒肺炎来袭，84岁的钟南山院士临危受命，作为国家卫健委高级别专家组组长，他义无反顾地赶往武汉防疫最前线。采访中，钟南山院士呼吁大家没有特殊情况，一定不要再去武汉，但他却在最危险的金银潭医院与死神搏斗。人民盛赞钟南山：国士无双，鞠躬尽瘁。这其实不是他第一次这么做了。2003年非典时期，钟南山院士作为总指挥，奋战在抗击病毒的最前线。他的一句"把重症病人都送到我这里来！"令人至今印象深刻。长久以来，钟南山院士出没于传染病流行的最危险地区，也成为国人最为信任的医者、学者。

"我必须坚持讲真话"

时间倒回2003年1月2日，广东省疾病预防控制中心接到广州以外地区的报告，河源市有2名重症呼吸病人，感染了8名医护人员，病人已被送到广州。钟南山得知后震惊了！广博的医学知识与多年的行医经验告诉他，这是一例非常值得关注的特殊传染病。调查情况印证了钟南山的预感：这是一种人类历史上从未见过的传染病，临床表现与典型肺炎不同，如抢救不及时，病人容易死于呼吸衰竭或多脏器衰竭。从未见过的传染病，高死亡率，高传染性，一时间，人心惶惶，人们外出都戴上了口罩，严严实实把自己保护起来。数亿人呆在家中以免感染上致命的病毒，万人空巷已是常态。可怕的是，疫情被一些别有用心的人故意夸大或无中生有，社会陷入一片恐慌。去除恐慌，唯有治愈病人，用事实说话。

就在这危急时刻，钟南山身先士卒，

主动请战，他向广东省卫生厅说："把重症病人都送到我这里来！"短短几天时间，广州医学院附一院便接收了21位危重病人。鉴于强传染性，钟南山亲自检查每一个病人，制定治疗方案，甚至抓起人工气囊为病人输氧。在他的带动下，医生护士一条心，形成一个团结战斗的集体，表现出大无畏的献身精神。功夫不负有心人，很快他们找到了一套行之有效的救治方法，两位危重患者经过救治，出现了生命的奇迹。面对肆虐的非典疫情，钟南山临危不惧，在这种险乎失控的时刻，他挺身而出，用生命做担保，用医术做担保，止住了恐慌，表现了一个科学家严谨求真的治学态度，体现了知识分子的社会担当和责任感。很快，通过新闻媒体，"疫情不可怕，可防、可治、可控！"的声音迅速传遍了大江南北，社会情绪开始趋稳。

疫情得到遏制，为了彻底阻断疫情，必须"彻查"病原体。专家们从死亡病例肺组织标本切片中，发现了典型的衣原体，一度认为这就是元凶。可钟南山凭借丰富的临床经验，否定了这一观点，他力排众议，以事实为依据，最终证实非典是一种新型冠状病毒。由于他敢于坚持真理，挽救了很多病人的生命。事后，有朋友问他："你就不怕判断失误吗？有一点点不妥，都会影响院士的声誉。"他说，我必须坚持讲真话，科学只能实事求是，不能明哲保身，否则受害的将是患者。此后，钟南山的名字便和中国的公共卫生事业紧紧连在一起。

2020年年初，新型冠状病毒来势汹汹，疫情蔓延至全国所有省、自治区、直辖市。从1月23日武汉封城之后，每天的病例数字不断增加，面对突然增加的患者和外扩的疫情，很多人措手不及，疑虑不安，各种各样的消息满天飞。此刻，人们需要一位敢于直言的医学权威来一锤定音，这个人只能是钟南山。当央视的新闻直播中连线钟南山时，两鬓染霜、目光坚定的钟南山再次说了实话，"肯定人传人"。钟南山的这段采访瞬间传遍各大媒体和社交网络，人们对疫情的重视程度立即变得不一样了。前一天在各大机场、火车站等人流密集区还看不到几个人戴口罩，第二天再出行，很多人已经用口罩把自己捂严实。对于阻断病毒传播，这无疑有至关重要的作用。"病毒人传人，要隔离。""可防可治，不必恐慌。""情况会慢慢好起来，必须要有坚强的斗志。" 这些判断犹如定心丸，安抚了民众的情绪，也为国家下一步的部署做出了决策依据。全国各地乃至全球华人源源不断地将物资寄往武汉，从中央到地方到部队都抽调出骨干医疗队伍驰援武汉。控制住武汉的疫情，就是一场关键的阻击战。他预测了疫情的大概规律，他说，这次不会像非典那么久，他说，武汉一定能过关。

国士无双，犹如一座山，钟南山就是可以撑起人们内心希望的山。

公共卫生应急体系建设的推动者

"钟南山没说动，谁都不要动"，这是一条网友间流传的段子，可见钟南山的一句话于国人之重要。"90后"劝长辈戴口罩、少出门，搬出"钟南山说的"最有效。这一切，源于人们对钟南山无条件的信任，源于17年前那场在国人心里留下深刻伤痕的非典疫情。非典过后，作为公众人物的

他主动承担起突发公共卫生事件代言人的角色。每每遇到公共卫生危机，老百姓开始习惯于从他那里获得真实情况。

2009年6月，甲型流感爆发期，各地陆续出现甲流患者，其中重症患者达500余例。钟南山和他的团队成功救治了2名重症患者，并首次公开认可中药治疗甲流的功效。2013年3月，H7N9新型禽流感暴发，全国各地不断上报新型禽流感病例，仅仅3个月，死亡病例达到39例。钟南山结合自己丰富的临床经验，提出H7N9暂无大流行趋势，极大地缓解了民众的恐慌情绪，稳定了社会秩序。在这些公共卫生事件中他敢于发声，敢于传递真知，体现了医学工作者的社会责任感，他的言行犹如强心针，稳定人心，稳定了社会秩序，完美诠释了谣言止于智者，他就是那个有担当的智者。

此外，钟南山还积极推动在国内建立起一套应对突发公共卫生事件的有效预警网络，做到及时发现、诊断、隔离，及早治疗，极大增强了我国抵御突发性公共卫生事件的能力，使一些传染性疾病在初始阶段就得到有效控制。广东省第二人民医院呼吸与危重症医学科主治医师颜文森认为，面对公共卫生突发事件，别人避犹不及，但是钟南山敢于顶住压力说真话，就像一个战士一样："医学上要求比较严谨、客观，要做出判断需要有依据。因此，当时他并不是拍脑袋随意说说的，而是在自己具有较高专业水平的基础上，基于观察到的一些病历和治疗过程中的一些反馈，才提出质疑。是有底气的。"

在钟南山院士的身上，我们看到的是国士的专业、从容、信心，是悲天怜人的大爱，更是身为天下先的大无畏。有人说，他是在"非典"的激流中，屹立不倒的南山，而在时隔 17 年后，又一次疫情到来时，钟南山，又一次来到了一线，在武汉的医院里，你看得到他；在广州的研究所，你看得到他；在全国的各类疫情报道、科普中，还是他无处不在的身影；和非典时期一样，哪里有疫情，哪里就有这座南山。

钟南山这三个字，就是定心丸，是公信力！

耄耋之年敢秀"肌肉"

你可知道，钟南山院士除了是一名技艺高超的医生，他还创造了 1959 年全运会 400 米栏的全国纪录，他保持着每周锻炼 3 次以上，每次一小时以上的习惯。他说，我感觉年龄对我没有太大影响。

钟南山院士非常喜欢运动，他几十年如一日地坚持锻炼，以至于 80 多岁高龄，还像年轻人一样有活力。钟院士曾经说过，"运动和吃饭一样，同样是体能需要，同等重要。"在北医大上学时，钟南山就开始训练田径，并取得了优异的竞赛成绩，他参加学校运动会曾创下几项纪录，至今无人能破。后来参加工作，如果实在抽不出时间来进行锻炼，他会在家里用跑步机、杠铃、拉力器来锻炼，即使只有 10 分钟，他也会抓紧时间来锻炼。他说："我是一名医生，很了解一个人的身体健康状况，锻炼对身体健康起到很关键的作用，让人保持年轻的心态。"几十年如一日的坚持锻炼，让钟南山保持

了强健的体魄。

　　这就是钟南山院士：专业上，他的研究成果屡获大奖；工作中，敢医敢言，两次疫情，他都是中流砥柱；生活上，坚持锻炼！耄耋之年依然神采奕奕！

人物简介：

钟南山，1936年10月出生，福建厦门人，生于南京，呼吸病学专家，中国工程院院士，教授、博士生导师。2003年抗击"非典"先进人物。现任中华医学会顾问、广州呼吸疾病研究所所长、广州市科协主席、广东省科协副主席、香港中文大学（深圳）理事会成员等职。主要从事高氧、低氧与肺循环关系研究。首批国家级有突出贡献专家，先后担任中华医学会呼吸分会主任委员，联合国世界卫生组织吸烟与健康医学顾问，国际胸科学会特别会员，亚太地区执委会理事。

知识链接：

"SARS"一词在不同国家和地区里，有不同习惯称呼。中国大陆惯称"非典型肺炎"，并简称"非典"。香港习惯把"SARS"依粤音译作"沙士"，或直接用英语"SARS"。台湾亦惯用英语，或称"中国肺炎SARS"。新加坡媒体一度使用"萨斯"，4月17日，华文媒介统一译名委员会统一作"沙斯"。

新型冠状病毒肺炎：2019新型冠状病毒（2019-nCoV），2020年1月12日被世界卫生组织命名。冠状病毒是一个大型病毒家族，已知可引起感冒以及中东呼吸综合征（MERS）和严重急性呼吸综合征（SARS）等较严重疾病。新型冠状病毒是以前从未在人体中发现的冠状病毒新毒株。

"天眼"之父

——南仁东

"射电望远镜就像灵敏的耳朵，在宇宙空间的白噪声中分辨有价值的无线电信息。"南仁东曾这样解释天眼的作用，"这就像分辨雷声中的蝉鸣。"

2017年10月10日，北京的国家天文台，500米口径球面射电望远镜（简称 FAST）正在进行它的首秀。当它捕获的首批脉冲星信号第一次将来自1.6万光年外和4100光年外的脉冲信号在现场展示时，那个时常身着黑色夹克衫、皮肤略显黝黑、衔着一根香烟的"小老头"——著名天文学家、中国科学院国家天文台研究员、曾任"中国天眼"（FAST）工程首席科学家兼总工程师的南仁东却缺席了。然而，就是这样一位看似普通的"小老头"，

却缔造出一只世界上最大、最灵敏的"眼睛"——中国"天眼"。中国"天眼"，标志着我国在科学前沿实现重大原创突破——500米口径球面射电望远镜工程比德国波恩100米望远镜的灵敏度提高了约10倍，较美国阿雷西博350米望远镜的综合性能也提高了约10倍。中国"天眼"，它使我国的天文学研究领先世界20年。中国"天眼"，体现了以南仁东为代表的中国知识分子的爱国情怀，正是他们勇于创新、坚毅执着、甘于奉献，才使中国日益走向世界舞台的中央，为科技创新强国梦增添了浓墨重彩！

"咱们也建一个吧，直径500米。"

1993年，国际无线电科学联盟大会在日本东京召开。来自多个国家的与会科学家们一致认为，全球电波环境将会持续恶化，应该尽快建造新一代射电望远镜，以期接收更多外太空讯息。时任中国科学院北京天文台副台长的南仁东听后激情澎湃："咱们也建一个吧，直径500米。"国际同行听到后都认为这是"一个野心勃勃的计划"。直径500米是什么概念？要知道，当时中国最大的射电望远镜直径不到30米。但是，当时年近50岁

的南仁东却不认同，"直径 500 米的射电望远镜一旦建成，将可能观测到宇宙第一批恒星发出的光芒，揭示宇宙的奥秘，这也是中国天文界赶超世界的绝佳机会。""明知山有虎，偏向虎山行"，这是南仁东的一贯风格。为了国家独一无二的项目，为了国家天文事业赶超世界，南仁东一腔热忱，义无反顾地扛起了这个责任。要知道，早在 20 世纪 80 年代，南仁东就已经是蜚声国际天文学界的科学家了，他当时是日本国立天文台客座教授，享受世界级别的科研条件和薪水，可他说："我得回国。"

"明知山有虎，偏向虎山行"

500 米口径球面射电望远镜利用贵州喀斯特地区的洼坑作为望远镜台址，拥有 30 个标准足球场大的接收面积。"FAST"馈源支撑系统高级工程师杨清阁形容这个工程大到"漫山遍野"。同时，它又是个极细的工程，细到什么程度？"600 多米尺度结构，馈源接收机在天空中跟踪反射面焦点的位置度误差不能超过 10 毫米。"杨清阁说，"南老师做的事，就是带领我们用漫山遍野的设备和零件，建起这口精密的'大锅'。"

中国"天眼"FAST 项目筹备之初，南仁东有一个朴素的想法：找一个天然的洼地，远离大城市，射电干扰小，不必动用太多土方，尽可能为国家节省经费。当听说贵州属喀斯特地貌，洼地多，可能是建设项目的极佳选址，他二话不说坐了 50 个小时绿皮火车赶到贵州。没想到，这一找就是 12 年。从 1994 年到 2006 年，岁月是漫长的，那些经历过的事仿佛就在昨天，选址的艰辛一幕幕在"天眼"工程副总工程师李芇眼前闪过。这12年间，为了给"天眼"找到"家"，南仁东带领助手，挂着竹竿翻山越岭，几乎踏遍了贵州大山里的所有洼地，也成了周边县里人尽皆知的"明星"。功夫不负有心人，最终，南仁东在贵州平塘县找到了最佳选址：一个几百米的大圆坑被四面的山体环绕，像一个天然的大锅，正好挡住外面的电磁波。这一年，南仁东已经63岁了。

"天眼"就像一个孩子，在南仁东的呵护下成长。他为项目起名叫"FAST"，英文意思是"快"。为了让项目早日审批成功，他亲自整理上报材料，熬夜更是家常便饭。2007年7月，FAST作为"十一五"重大科学工程正式被国家批准立项。"为了让FAST工程尽早建成启用，不惜以命相搏。"国家天文台工程师翟学兵如是说。

FAST立项只是万里长征第一步，接下来的建设任务无比繁重。南仁东以超乎想象的毅力，带领由几十家科研院所、大专院校、工程企业和上百位科学家组成的FAST千人建设团队夜以继日争分夺秒地赶进度。南仁东不仅要做理论架构，还要直接参与一线建设，长期在施工现场与工人一起下工地、爬高塔、睡工棚。中科院科学传播局局长周德进说，像FAST这种规模庞大又无经验可循的重大创新工程，"没有不拖期的。"但南仁东率领团队将经费缺口、技术障碍等重重难关——攻克，FAST最终在2016年9月25日落成，与项目批复的工期分毫不差！习总书记在致FAST落成的贺信里，勉励科学工作者要"早出成果、多出成果、出好成果、出大

成果"。FAST 工程就是对总书记贺信最好的印证！南仁东用自己的智慧与人格魅力，团结了国内各行各业的科学家，用执着和勤奋影响了一批科技工作者，用一生谱写了知识分子爱国奋斗的生命赞歌！心中有国家，心中有梦想，他终将成为国家的骄傲！

"天眼"——中国的骄傲

如今，FAST 静立在宁静的大窝凼里，迎着晨曦微露，送着漫天彩霞。不亲临现场，你无法体会到它的气魄、它的强大。看似一口"大锅"，却可以接收到百亿光年外的电磁信号，FAST 工程有多强？南仁东曾这样解释FAST 的功用，"射电望远镜就像超级灵敏的耳朵，在宇宙空间的白噪声中分辨有价值的无线电信息。""像在分辨雷声中的蝉鸣。"它有着超高的灵敏度和巡天速度，"天眼"可将类太阳星巡视目标扩大至少 5 倍。随着"天眼"落成，中国射电天文学"黄金期"已经到来，越来越多的国际天文学专家加入中国主导的科研项目，FAST 作为世界最大的单口径望远镜，将在未来 20 到 30 年间保持世界一流设备的地位，使我国的天文物理向前迈进一大步。FAST 是名副其实的中国骄傲！

南仁东作为 FAST 项目首席科学家、总工程师，他将毕生精力献给了祖国的天文事业，他放弃国外高薪，他踏遍千山万水，他夙夜在公，殚精竭虑，他只有一个信念，那就是让中国的射电天文走向世界前沿。这就是南仁东作为战略科学家的抱负和使命！南仁东身上蕴藏着中国知识分子深厚的家国情怀，他一心为国、无私奉献的精神感动着千千万万的后继者，他将个人命运融入国家命运，他用自己的智慧带领中国迈向星辰大海，让中国天文千年梦想燃亮无尽未来！

人物简介：

南仁东（1945年2月—2017年9月），中国天文学家、中国科学院国家天文台研究员，曾任 FAST 工程首席科学家兼总工程师，主要研究领域为射电天体物理和射电天文技术与方法，负责国家重大科技基础设施 500 米口径球面射电望远镜 (FAST) 的科学技术工作。2017年5月，获得全国创新争先奖；2017年7月，入选为 2017 年中国科学院院士增选初步候选人。

知识链接：

500 米口径球面射电望远镜（Five-hundred-meter Aperture Spherical Telescope，FAST）位于贵州省黔南布依族苗族自治州平塘县克度镇大窝凼的喀斯特洼坑中，工程为国家重大科技基础设施，"天眼"工程由主动反射面系统、馈源支撑系统、测量与控制系统、接收机与终端及观测基地等几大部分构成。500 米口径球面射电望远镜被誉为"中国天眼"，由我国天文学家南仁东于 1994 年提出构想，历时 22 年建成，于 2016 年 9 月 25 日落成启用。它由中国科学院国家天文台主导建设，是具有我国自主知识产权、世界最大单口径、最灵敏的射电望远镜。综合性能是著名的射电望远镜——阿雷西博的十倍。

截至 2018 年 9 月 12 日，500 米口径球面射电望远镜已发现 59 颗优质的脉冲星候选体，其中有 44 颗已被确认为新发现的脉冲星。 2019 年 3 月首次成功实现的联合观测，标志着 FAST 具备了联合组网观测的能力。

中国奥运金牌第一人

——许海峰

我有三条成功经验：第一是热爱本职工作，"工作这事，如果不热爱，干脆就别做"；第二是学习，尽自己的最大努力、花所有的时间去学习；第三就是钻研，"不怕不懂，就怕不干"。一个人踏踏实实研究，踏踏实实干，再大的困难都能解决。

1984 年 7 月 29 日，在洛杉矶第 23 届奥运会的射击场上，中国射击运动员许海峰在自选手枪慢射比赛中，以 566 环的成绩勇夺第一名，这是本届奥运会的首金，也是中国奥运史上的第一块金牌！

此时，距离古代奥林匹克运动会发源已过去了两千多年，距离首届现代奥林匹克运动会开幕也已过去了 88 年。当时成功摘金的许海峰还只是一名 27 岁的毛头小伙子，也许他并没有想到，这小小的一枚子弹，已创造了历史。

许海峰，1957 年 8 月出生于福建漳州，15 岁那年，随父母举家返回安徽和县，是前中国男子射击队运动员、中国奥运金牌第一人，也是中国体育射击史上第一个集奥运会冠军、世锦赛冠军、亚运会冠军、亚锦赛冠军多项荣誉于一身的运动员。

许海峰与枪结缘于儿时，作为军人的孩子，他在军营里度过了童年。那时的男孩子大多沉迷于弹球儿、拍洋画，但他从小就喜欢打弹弓、玩玩具枪。有一次爸爸的战友来家里做客，小海峰拿着气枪跑出去，说要给叔叔"做道菜"，不一会儿便打了很多只麻雀回来。高中毕业后，他用 40 元钱买了一支气枪。从那以后，他更是把所有心思都用在了枪上，瞄远处的鸟窝，瞄近处的飞虫，终于凭借自己的努力，练就了一身高超的射击本领。这一刻，他把自己的理想和志向都寄托在了枪上。

然而，当时的射击运动并不像如今这样普及，直到 1982 年，25 岁的许海峰才进入安徽省射击集训队，真正成为一名运动员。自此，挚爱的运动终于成为了自己的职业，许海峰更加努力，冬练三九，夏练三伏，每日成百上千遍地重复举枪、瞄准、射击，再举枪、瞄准、射击。射击比赛虽然扣人心弦，但日常训练却是十分枯燥的，只有勤学苦练、锲而不舍，自身肌肉形成记忆，才能练就良好的稳定性。

虽然成为正式运动员的时间很晚，但许海峰自小玩枪练枪，由此打下的基础十分扎实。在一年后的第 5 届亚洲射击锦标赛上，他一鸣惊人，获得两项第二名、一项第三名的好成绩。也是在这一年，26 岁的许海峰正式

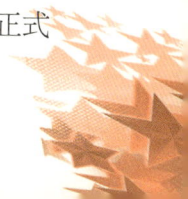

入选为国家队队员，参加第 23 届奥运会的集训。

时间转眼来到奥运年，这时的许海峰已是国内数一数二的射击运动员，但在世界范围内还是默默无闻。1984 年 4 月 11 日，在奥运会的热身赛中，他第一次斩获世界冠军头衔，从这一刻起，许海峰暗暗下定决心，我要在奥运赛场上为国家夺得一枚金牌。

备战的时间总是过得飞快，1984 年 7 月 29 日，美国洛杉矶普拉多射击场上，男子自选手枪慢射决赛终于来了。比赛要求在两小时之内，选手将小口径自选手枪对距离 50 米的靶射击，总计 60 发子弹，分六轮完成。比赛进行到第四轮，观众席、记者席上传来阵阵骚动，来自中国的新面孔许海峰与队友王义夫均名列前茅。此前呼声最高的选手是瑞典老将斯卡纳克尔，这位慕尼黑奥运会和世锦赛的双料冠军，被理所当然地看做是本场比赛的胜利者。然而比赛过半，三位选手成绩十分胶着。时间来到了最后三枪，这时其他选手都已完赛，许海峰静静地站在靶位上，一动不动，计时器一分一秒走过，他仍没有举枪击发，记者们已经坐不住了，裁判频频提示现场安静。

不断有人询问，这个年轻人是谁？记者们终于拿到了许海峰的简介：接受专业训练两年，参加国际比赛三次。如此"单调"的经历，很难

与眼前这个稳重的年轻人联系到一起。那是 14 分钟的漫长等待，决定胜负的最后三枪，所有目光都聚集到他的身上，许海峰不断地深呼吸，缓缓抬起手臂，目光如炬，望向靶位，扣下扳机。第一枪，9 环，有希望。第二枪，10 环，场边一阵欢呼。此刻瑞典老将斯卡纳克尔和中国的王义夫都已经打完全部子弹，暂时分列第一、二位，王义夫已经为中国队锁定了一枚奖牌。如果最后一枪许海峰打出满环 10 环，他将为中国赢得历史上第一枚奥运金牌。全场鸦雀无声，身后的教练也闭上了眼睛。射击距离是 50 米，子弹的初速度大约 500 米 / 秒，然而上靶这 0.1 秒，仿佛过去了一个世纪那么久……

欢呼与尖叫划破寂静的空气，整个射击场沸腾了，远在地球另一半的中国人沸腾了，这是一个值得永远铭记的 10 环！许海峰似乎不太相信眼前的一切，他以 566 环，领先 1 环的优势夺冠，实现了中国竞技体育的重大突破。这仅仅是他众多世界冠军中的一个，却是中国奥运史上的里程碑。正如当时的国际奥委会主席萨马兰奇颁奖时所说，"中国运动员获得本届奥运会第一枚金牌，这是中国体育史上最伟大的一天，我为能亲自把这块金牌授给中国运动员感到荣幸。"

此后，许海峰愈战愈勇，连创佳绩，为中国射击队达到世界顶尖水平打下坚实基础。两年后，许海峰又在 1986 年汉城亚运会上以超世界纪录 660 环的成绩获得自选手枪冠军、气手枪个人金牌和自选手枪团体冠军。1990 年北京亚运会他勇夺四金，1991 年他又夺得了世界气枪锦标赛冠军

和亚锦赛五枚金牌。

不断创造的辉煌战绩离不开许海峰日复一日、年复一年的努力，然而，长期的训练使他的视网膜严重病变，视力降到了 0.2，这对射击运动员来说是致命的，他不得不遗憾退役，结束了运动员生涯，但他并未放下挚爱一生的手枪。

1995 年 1 月，许海峰正式被任命为国家射击队女子手枪主教练。他所带的队员李对红和陶璐娜分获 1996 和 2000 年奥运会金牌，他也成为中国第一位带出奥运冠军的奥运冠军。

2004 年雅典奥运会，此时的许海峰已成为中国射击队总教练，他率队出征，取得 4 金 2 银 3 铜，刷新队史最佳奥运战绩，成为"金牌教练"。这年年底，许海峰离开了奋斗 22 年的射击项目，调任自行车击剑中心副主任，主管现代五项。

面对完全陌生的项目，他常常会深思熟虑，明确执教思路。为此，许海峰深入队伍观察研究，通过对竞技体育共性规律的深刻理解很快摸索出一套有效的措施。仅仅一年后，中国现代五项实现重大突破，钱震华在世锦赛上获得男子个人赛冠军，打破了欧洲选手在国际大赛上的金牌垄断。

做运动员时改写历史，做教练员时屡创佳绩，做管理者时造就突破，从金牌运动员到金牌教练，再到领导干部，许海峰的人生"三级跳"似乎完成得很轻松。问起成功的经验，他平静地说："我做任何事情都是尽自己最大的努力。要么不干，只要干，就要干好，这是我的人生哲学。"

人物简介：

> 　　许海峰，1957 年 8 月出生，安徽马鞍山市和县人。他是前中国男子射击队运动员，中国奥运金牌第一人，也是中国体育射击史上第一个集奥运会冠军、世锦赛冠军、亚运会冠军、亚锦赛冠军多项荣誉于一身的运动员。2018 年 12 月 18 日，党中央、国务院授予许海峰同志"改革先锋"称号，颁授"改革先锋"奖章，并获评"我国首位奥运冠军"。

知识链接：

　　1894 年，在第一届奥运会筹备期，国际奥委会便向中国发出了邀请。当时的清王朝因对奥运会不了解，没有答复。

　　1922 年，中国的王正廷当选为国际奥委会委员。

　　1931 年，在南京成立的中华全国体育协进会被国际奥委会承认为"中国奥林匹克委员会"，中国正式参加奥运会的历史自此开始。

　　1932 年，第 10 届奥运会在美国洛杉矶举行，刘长春以中国第一位参加奥运会的选手而留名于中国奥运史。

　　1952 年，第 15 届奥运会在芬兰赫尔辛基举行，中华人民共和国正式接

受邀请，派运动员参加此届奥运会。

1979 年，国际奥委会恢复了中国的合法席位。

1984 年，第 23 届奥运会在美国洛杉矶举行，许海峰在男子手枪慢射比赛中获得本届奥运会决出的第一块金牌，一雪百余年来"东亚病夫"的耻辱。

2000 年，第 27 届奥运会在澳大利亚悉尼举行，中国代表团在金牌榜及奖牌榜上均列第三位，标志着中国体育水平开始步入世界一流行列。

2001 年，北京时间 7 月 13 日 22:10，北京在国际奥委会第 112 次全会上获得 2008 年第 29 届奥运会主办权。

2008 年 8 月 8 日，北京奥运会顺利开幕。本届奥运会，中国以 51 枚金牌居金牌榜首名。

2015 年 7 月 31 日，国际奥委会主席巴赫在国际奥委会第 128 次会议上正式宣布北京获得 2022 年冬季奥林匹克运动会举办权。

用生命叩开地球之门

——黄大年

作别康河的水草

归来做祖国的栋梁

天妒英才

你就在这七年中争分夺秒

透支自己

也要让人生发光

地质宫五楼的灯

源自前辈的薪传

永不熄灭

1958 年，黄大年出生在南宁市的一个知识分子家庭。黄大年的小学、初中和高中分别就读于西江农场小学、罗城县五七中学和贵县附城高中。受父母和老师影响，他从小就对科学有着强烈的渴望。1975 年 10 月，17 岁的黄大年由于反应机敏，成绩优秀，从几百人的招考中脱颖而出，进入位于贵县的广西第六地质队，成为了一名航空物探操作员。作为物探操作员，

他首次接触到了航空地球物理，并深深爱上了这个职业。

1977年，国家恢复高考。得知这个喜讯后，黄大年白天翻山越岭忙勘探，晚上点灯熬油背书本。功夫不负有心人，1978年，黄大年以优异的成绩考入长春地质学院应用地球物理系，从此正式与地球物理结下一生的不解之缘。在校就读期间，黄大年的成绩名列年级前茅。他先后完成了本科与硕士研究生的学业，并留校任教。在当年的毕业纪念册上，黄大年的留言写道："振兴中华，乃我辈之责！"

1992年，黄大年获得"中英友好奖学金项目"全额资助，赴英国攻读博士学位。1996年，他以排名第一的成绩获得英国利兹大学地球物理学博士学位。1997年，他在英国剑桥的一个航空地球物理公司任高级研究员，由他主持研发的许多研究成果都处于世界领先地位，他也由此成为航空地球物理研究领域享誉世界的科学家。

在英国过上了安稳且富足生活的黄大年一直认为，"在这里，我就是个花匠，过得再舒服，也不是主人！"2009年4月，当得知国家的"海外高层次人才引进计划"时，黄大年第一时间给母校打电话，明确表示要回国。他用最短的时间辞了职，卖掉了房子，并办好了回国手续。那年的平安夜，他和妻子登上了回国的班机。

回国后的第 6 天，黄大年就与母校吉林大学正式签下全职教授合同，扎根东北这块沃土。时任吉林大学地球探测科学与技术学院院长的刘财至今仍保留着黄大年回复给他的邮件："多数人选择落叶归根，但是高端科技人才在果实累累的时候回来更能发挥价值。现在正是国家最需要我们的时候，我们这批人应该带着经验、技术、想法和追求回来。"

黄大年回国后，首推我国实物车载、舰载、机载和星载"快速移动平台探测技术"研发工作，集中研究了能够在空中、水面和深水环境下，高效率获取空间分布的重力场、磁场、电磁场、放射性能谱和光电等数据的地球物理探测方法和技术，构建了服务于陆地、海域、复杂地理环境和地质条件下精确移动测量的技术体系。

"十二五"期间，黄大年作为首席科学家组织完成了两个总投入近 5 亿元的重大项目，即"'863'航空重力高精度探测关键技术装备项目"和"深部探测关键仪器装备项目"。他带领 400 多名科学家创造了多项"中国第一"，填补了我国"巡天探地潜海"的多项技术空白。2016 年，两个项目全部通过结题验收。"航空移动平台探测技术装备项目，作为精确探测的高端技术装备，我们用 5 年时间完成了西方发达国家 20 多年走过的艰难路程，取得的进展和成果填补了我国空白，将意味着中国又成功抢占了一个国际前沿科技制高点，对推动国防安全建设和深地资源勘探具有支撑作用和重要意义。"这是黄大年对这一项目进展的定位与评价。国际学界惊叹：中国正式

进入"深地时代"。

2009 年 12 月，他主动担任本科 2010 级李四光实验班的班主任，并自费给每位同学配备了笔记本电脑。2016 年手术前一天的晚上，他还在为博士生周文月写推荐信，助力她到英国剑桥攻读博士学位。只要对学生有帮助，黄大年都愿意付出。黄大年常对学生说："你们一定要出去，出去了要回来。一定要有出息，有出息了一定要报国。"

2010 年 7 月，中组部组织科学家代表到北戴河度假并相互交流。习近平、刘延东、李源潮等国家领导人先后前去探望，这让黄大年振奋不已。直至今日，那张和领导人在一起的珍贵合影仍是他办公室中唯一的照片。

回国的 7 年间，黄大年平均每年出差 130 多天，最多的一年有 160 多天。日复一日的辛劳无情地吞噬着黄大年的健康，2016 年 6 月 27 日，就在深探项目答辩进入最后倒计时之际，黄大年的秘书突然听到"砰"的一声，他焦急地跑到黄大年的办公室，发现黄大年已晕倒在地。苏醒过来的黄大年吞下几粒速效救心丸，只在沙发上躺了 20 分钟，就爬起来带着大家赶往火车站。第二天，黄大年虽然很憔悴，但依然坚持登台进行了近 2 个小时的答辩。那天，他在微信群里说："我以项目首席科学家的名义向大家报告一个好消息，我们的项目获得了最高评价……现在可以睡个好觉了！"他是这样说的，自己却没有这样做。同年 11 月 28 日，他再次晕倒在从北京赴成都开会的飞机上。恢复意识后，他对空姐说的第一句竟是："如果我不行了，请把我的笔记本电脑交给国家，里面的研究资料很重要。"即便如此，他仍没有降低几近疯狂的工作强度。他说："我是活一天赚一天，哪天倒下，就地掩埋。"

2016 年 12 月 8 日，黄大年被确诊为胆管癌。12 月 14 日，手术顺利，但当他浑身插满管子出现在大家面前时，在场的每个人都哭了。即便如此，他仍然把病房变成了办公室。

2017 年元旦，他在病房中聆听了习近平总书记发表的新年贺词后，眼中满含热泪地说："国家对科技创新这么重视，有了国家的决心，我们的技术马上就能派上大用场。你们都要准备好，加油干啦！"即便他的声音很弱，语气却异常坚定，在场的所有人都颇为震撼，斗志昂扬。但谁也没想到的是，这竟是他说的最后一句话。

2017 年 1 月 8 日，黄大年医治无效，与世长辞。

中共中央总书记、国家主席、中央军委主席习近平 2017 年 5 月对黄大年同志的先进事迹作出重要指示（2017 年 5 月 25 日新华社发布"习近平对黄大年同志先进事迹作出重要指示"），他指出，黄大年同志秉持科技报国理想，把为祖国富强、民族振兴、人民幸福贡献力量作为毕生追求，为我国教育科研事业做出了突出贡献，他的先进事迹感人肺腑。

黄大年把一切奉献给了祖国，祖国和人民将永远铭记他！

人物简介：

黄大年（1958 年 8 月 28 日—2017 年 1 月 8 日），男，汉族，广西南宁人，国际知名战略科学家、中国著名的地球物理学家、国家知名专家。黄大年先后毕业于吉林大学和英国利兹大学；1975 年 10 月参加工作；1988 年加入中国共产党；2009 年底，黄大年回到中国，出任吉林大学地球探测科学与技术学院教授、博士生导师；2018 年 3 月 1 日，当选 2017 年度"感动中国"人物。黄大年的主要研究方向为超高精密机械和电子技术，纳米和微电机技术，高温和低温超导原理技术，冷原子干涉原理技术，光纤技术和惯性技术。

知识链接：

我国疆域幅员辽阔，蕴藏丰富矿产资源，为国民经济持续高速度发展提供了潜在资源储备。然而，在复杂环境条件下有效实施大面积资源勘探调查，实现重大找矿突破目标，迫切需要用一系列先进的科学探测技术手段来形成有效的技术支撑。发展高效率、高精度（海、陆、空）快速移动平台联合探测装备技术，同时发展由此带来的海量数据综合信息处理、解

爱国主义

释和地质建模一体化所需的大型软件平台技术，可为实现这一目标提供切实可行的技术保障。因此，2010年10月，在国土资源部、科技部、教育部有关部门鼓励支持下，吉林大学成立了"吉林大学移动平台探测技术研发中心"团队，中心由国家特聘专家为带头人，主要由精干的年轻教师和科研人员组成，配备有可与国际一流院校相媲美的科研环境和设备。团队的研究方向紧密围绕国家需求和国际前沿实用技术，从基础研究入手攻关核心技术，通过软硬件结合、交叉学科融合、跨部门联合途径，研发移动平台探测集成装备：（1）设计和研发新一代智能化无人机搭载平台，研发、引进和集成先进的机载探测传感器和相关设备，形成机载一体化高精度和高效率联合探测系统；（2）针对与此相配套的海量探测数据处理和多元信息分析需求，充分利用计算机科学发展的最新技术，在大型集群机和微型机硬件设备上研发大型软件分析平台技术，面向三维地质目标实现重、磁、电、震和井中探测多方法信息融合，减小勘探风险。

育人楷模

——张玉滚

　　扁担窄窄，挑起大山里的未来；板凳宽宽，稳住孩子们的真心。前一秒劈柴生火，下一秒执鞭上课。艰难斑驳了岁月，风霜刻深了皱纹，有人看到你的沧桑，更多人看到你年轻的心。

——题记

　　他是一位 80 后，但是很多人初次见到他都以为他马上要退休了；他是一位老师，都说术业有专攻，但是他却是语文、数学、英语、科学、音乐……各门课程的代课教师；他生在大山，长在大山，经过十年寒窗苦读终于有机会走出大山，但是他却选择继续留在大山，既为人师，又为人父，成为一道希望之光，照亮乡村孩子的未来与梦想……他就是河南省镇平县高丘镇黑虎庙小学校长、乡村教师张玉滚。

"我愿做十八弯山路上的一轮明月，来照亮孩子们的前程，希望孩子们用知识改变他们的命运。"

黑虎庙小学因为地处十分偏远、条件艰苦的山区，常年面临着师资困乏的窘境。当张玉滚多年后再次步入他曾经学习过的地方，心里被深深地震撼到了。这么多年过去了，学校的校舍依然那么简陋破旧，桌子破破烂烂，凳子摇摇晃晃，如果现任老师退休或者离开，这个班的学生就面临着辍学。孩子们明亮而渴望的眼神，轻轻拨动着张玉滚柔软的心弦。当没有课上的孩子们说希望张玉滚留下来做他们的老师时，21岁的他，终于还是放弃了走出大山的机会，选择成为一名乡村老师。扎根深山18年，他潜心钻研每一门课程，千方百计上好每一节课，成为"全能型"老师。他爱生心切，为学生做饭缝衣；他办公室内常年备着药物，学生感冒发烧，他喂药送水；每逢雨雪天气，他就亲自接送学生上下学，遇到河流，就一个一个背着学生过河；学校没有食堂，他让妻子放弃打工挣钱，与妻子一起为孩子们办起公共食堂，再也不用孩子们自己生火做饭；山区不通车，他用扁担把学生教材挑进大山，一挑就是五年。他说，他要做十八弯山路上的一轮明月，来照亮孩子们的前程，希望孩子们用知识改变自己的命运。

"虽然出了这样的事，但是我还是选择坚守，我要让我的女儿看到，他的爸爸会把这个工作做好。"

张玉滚回乡任教的第五年，秋季开学时，因为班上新来了两位同学，教材不够，张玉滚便让妻子去镇上买教材。那时他们的女儿才9个月，因为没人照看，所以妻子只能带上女儿。一直到当天下午，妻子都没回来。焦急等待的张玉滚，最终等来的，却是妻子在返回的山路上遇到了车祸，女儿不幸离开了人世。初为人父的张玉滚陷入了深深的自责。沉重的打击，让他产生了离开这个伤心之地的想法。然而几天之后，静静的山谷中又一次响起了张玉滚敲响的上课铃声，那个熟悉的身影又一次出现在了讲台上……是，如果孩子还活着，将来有一天，应该跟张玉滚看到的这些孩子一样天真烂漫，健康快乐地学习、玩耍。但是生活没有如果。孩子走了，作为父亲，怀着这份深深的自责与惋惜，张玉滚却没有退缩和放弃，他终究放不下这大山，放不下大山里需要他的孩子们。他说，"虽然出了这样的事，但是我还是选择坚守，我要让我的女儿看到，他的爸爸会把这个工作做好。"

2013年10月的一天，山上起了大雾，天还没亮，张玉滚就骑摩托车准备到镇上开会。在一个急转弯处，由于摩托车刹车失灵，撞上了一块大石头，张玉滚当场就摔晕过去，差一点掉下悬崖。但是，在医院还没待几天，张玉滚就急着回学校，在妻子的搀扶下走上了黑虎庙小学的讲台。

"上课！"

"老师好！"

只是简单的两句话，五个字，师生间浓浓的情谊蔓延开来，善良淳朴的孩子们早已哭成一片……

"学校需要老师，山区的孩子们需要老师，我们现在的几位老师，假如都没有这种责任心的话，这个学校确确实实也就没有今天这个希望。"

2008 年，黑虎庙村终于通了公路，家家户户亮起了灯，有的家庭安装了电视，外出打工的人越来越多，有的一个月收入能达到 2000 块，但是张玉滚夫妇的代课补助还是只有 80 元。孩子面临上学，家里经济情况捉襟见肘。面对外面世界的繁华和自己家庭的困难，又一次让张玉滚燃起了对外面世界的渴望。走，还是留？后来一位家长专门找到张玉滚，告诉他如果他走了，孩子就可能不上学了，希望张老师能留下来，教完这些孩子再离开。家长一席话直抵张玉滚内心，他不断叩问自己，当初选择留在大山里做一名山村老师，不就是害怕这些孩子辍学没学上吗？不就是希望这些孩子能多学知识，将来有机会走出大山吗？于是他收起行囊继续回到讲台上。由于他的坚守，那一年，班里的毕业生有 4 人考上了大学，走出了大山。

黑虎庙小学的师资问题一直是困扰大家的大问题，2009 年，又有几位老师因为年龄和身体的原因退休。四处寻找无果后，张玉滚想到了自己的侄子张磊。当时张磊已经大学毕业，在深圳一家 500 强企业做工程师。张玉滚几次三番给张磊打电话，劝他回到母校来任教。犹豫不决的张磊带着女朋友余超凤回到了黑虎庙小学，就像 8 年前一样，张磊和余超凤再次被孩子们深深地触动了，两人在深山里安了家，先后成为黑虎庙小学的代课

教师。在张玉滚的带动下，黑虎庙小学已经有了7位教师，全心全意守护着这群大山里的孩子。2012年，是张玉滚在黑虎庙小学的第十一年，那一年他步入了正式教师的行列，两年后，又成了黑虎庙小学校长。张玉滚的经历成了很多人的精神动力，在张玉滚老师的鼓舞下，黑虎庙小学的老师们也在传承着这种精神。

"桃李不言，下自成蹊。山水不语，斗转星移。春蚕吐丝，只争朝夕。为我织就，一件薄衣。"在张玉滚老师执教的18年间，黑虎庙小学走出了21名大学生和1名研究生。越来越多的学生在他的鼓励和培养下走出了大山，而他始终扎根山区，用无怨无悔的坚守，点亮知识的火炬，照亮山区孩子的求学之路。他用实际行动深刻诠释了社会主义核心价值观，践行了我们党全心全意为人民服务的根本宗旨。

人物简介：

> 张玉滚，河南省镇平县高丘镇黑虎庙小学校长。他不忘初心，主动放弃在城市工作的机会，扎根深山，矢志不渝地奋斗在乡村教育一线。2018 年 9 月，中宣部授予张玉滚"时代楷模"称号；2019 年 2 月，他荣获"感动中国 2018 年度人物"荣誉；2019 年 4 月，他荣获第 23 届"中国青年五四奖章"。

知识链接：

《中共中央宣传部关于授予张玉滚同志"时代楷模"称号的决定》（2018 年 9 月 7 日发布）

张玉滚同志是河南省镇平县高丘镇黑虎庙小学校长。他不忘初心，主动放弃在城市工作机会，扎根深山 17 年，矢志不渝奋斗在乡村教育一线。他爱岗敬业，学校师资紧缺，他潜心钻研每一门课程，苦练教学本领，千方百计上好每一堂课。他无私奉献，寄宿学生多，他学缝衣做饭，学生家庭困难，他慷慨解囊，山区不通车，他用扁担把学生教材和学习用品挑进大山，用无怨无悔的坚守和付出，照亮山区孩子求学之路。

张玉滚同志是扎根深山的"四有"好教师，是新时代人民教师的杰出代表和光辉典范。他用实际行动生动诠释了社会主义核心价值观，忠诚践行了我们党全心全意为人民服务的根本宗旨。为宣传弘扬他的先进事迹和崇高精神，中共中央宣传部决定，授予张玉滚同志"时代楷模"称号，并号召干部群众，特别是广大教师，向他学习。